MOTIVAÇÃO PARA ENSINAR E APRENDER

Dados Internacionais de Catalogação na Publicação (CIP)
(Câmara Brasileira do Livro, SP, Brasil)

Schwartz, Suzana
  Motivação para ensinar e aprender : teoria e prática / Suzana Schwartz. – Petrópolis, RJ : Vozes, 2014.

  Bibliografia
  ISBN 978-85-326-4773-3

  1. Aprendizagem 2. Motivação em educação
  3. Prática de ensino I. Título.

14-01585   CDD-370.154

Índices para catálogo sistemático:
1. Motivação na aprendizagem : Educação
370.154

SUZANA SCHWARTZ

MOTIVAÇÃO PARA ENSINAR E APRENDER

TEORIA E PRÁTICA

Petrópolis

© 2014, Editora Vozes Ltda.
Rua Frei Luís, 100
25689-900 Petrópolis, RJ
Internet: http://www.vozes.com.br
Brasil

Todos os direitos reservados. Nenhuma parte desta obra poderá ser reproduzida ou transmitida por qualquer forma e/ou quaisquer meios (eletrônico ou mecânico, incluindo fotocópia e gravação) ou arquivada em qualquer sistema ou banco de dados sem permissão escrita da editora.

Diretor editorial
Frei Antônio Moser

Editores
Aline dos Santos Carneiro
José Maria da Silva
Lídio Peretti
Marilac Loraine Oleniki

Secretário executivo
João Batista Kreuch

Editoração: Gleisse Dias dos Reis Chies
Diagramação: Sheilandre Desenv. Gráfico
Capa: Idée Arte e Comunicação
Ilustração de capa: ©Darwin Darwin | Dreamstime.com

ISBN 978-85-326-4773-3

Editado conforme o novo acordo ortográfico.

Este livro foi composto e impresso pela Editora Vozes Ltda.

Sumário

Apresentação, 7
  Jesus Alonso Tapia

Prefácio, 9
  Cristina Pureza Duarte Boessio

Introdução, 11

1 Motivação para ensinar e para aprender e o conceito de motivação, 15

  1.1 Motivação: breve resgate histórico do conceito sob o viés do ensino e da aprendizagem, 20

    Teorias iniciais: psicanalítica e do impulso, 24

    Motivação extrínseca, motivação intrínseca e internalizada, 25

    Teoria das metas, 30

    Teorias motivacionais baseadas no alcance do êxito, 32

    Teorias motivacionais baseadas na expectativa-valor, 32

    Teorias motivacionais baseadas na percepção de autoeficácia, 33

    Teoria da autovalorização ou atribuição, 34

    O desamparo aprendido, 37

    Teorias sociocognitivas de autorregulação do ensino e da aprendizagem e a motivação, 43

    Teoria da autodeterminação, 45

    Teorias motivacionais voltadas para o interesse, 46

2 Motivação na prática docente, 51

  2.1 A explicitação do acolhimento incondicional dos alunos, 54

    Interações: professor-alunos; alunos-alunos, 56

2.2 Os tipos de procedimentos didáticos, 58

Despertar a curiosidade, 60

A ativação e manutenção do interesse, 61

A percepção de avanços na aprendizagem facilita o interesse e o esforço para continuar aprendendo, 63

A ativação do conhecimento prévio, 65

Mostrar para o que pode ser útil o problema proposto: atribuir significado à aprendizagem, 67

Propor atividades que sejam um desafio orientado ao desenvolvimento de competências e habilidades pessoais, 70

A autonomia/dependência para aprendizagem, 71

Conclusões inconclusas, 75

Referências, 77

Apresentação

Jesus Alonso Tapia*

O que leva nossos alunos a interessar-se e esforçar-se por aprender? Em que medida seu esforço para conseguir aprender depende deles e em que medida depende do ambiente de aprendizado que nós, os professores e os pais, criamos? E o que podemos fazer nós, professores e professoras, pais e mães e educadores em geral, para facilitar o desenvolvimento da motivação para aprender e adquirir competências que permitam sentir-se útil e sê-lo realmente?

Estas são algumas perguntas que constituem o horizonte do presente livro. Nele Suzana Schwartz esclarece o conceito de motivação e faz um breve passeio pela evolução histórica do mesmo, revisão que se fundamenta numa sólida informação bibliográfica. Repassa as diferentes teorias sobre a motivação, avaliando criticamente em que medida são úteis para explicar a motivação para aprender. Põe especial ênfase nos diferentes efeitos que tem o fato de os alunos atuarem motivados intrinsecamente ou de o fazerem movidos por razões externas à própria tarefa de aprender, e analisa os efeitos que, de acordo com a investigação recente, tem o fato de os alunos buscarem tipos diferentes de metas. Junto com a importância destas variáveis, a autora sublinha o fato de o aprendiz confiar ou não em suas possibilidades, confiança que sustenta suas expectativas e que depende não tanto da inteligência – não se trata de perguntar-se "será que sou capaz?" – quanto de ter aprendido a perguntar-se "como posso fazê-lo?" e a buscar depois os meios para consegui-lo, porque

....
* Professor-doutor, renomado intelectual espanhol que se dedica a estudar a motivação, com muitas publicações na área.

este aprendizado permite responder afirmativamente à pergunta anterior. Em relação com este ponto, enfatiza as contribuições que implicou o fato de estudar a maneira como os aprendizes pensam ao enfrentar uma atividade – a maneira como autorregulam o que fazem enquanto tratam de aprender.

Mas o enfoque da autora não fica apenas nas formulações teóricas. Sua experiência a levou a analisar as implicações da teoria para a prática docente. Ao fazê-lo, mostra alguns dos principais fatores do ambiente de aprendizado criado pelos professores, que influem no maior ou menor esforço dos alunos por aprender – aceitação incondicional, natureza das interações na sala de aula, tipo de procedimentos didáticos, estratégias para despertar a curiosidade etc.

Em resumo, as formulações feitas no livro são positivas, atualizadas e relevantes e oferecem múltiplas ideias para o profissional do ensino.

Prefácio

Cristina Pureza Duarte Boessio*

A escola já não é mais a mesma de antes. Será? A escola permanece igual à do século XIX, desde a disposição das classes, ao ensino instrucionista e a cópia, elementos que seguem fazendo parte do cotidiano escolar. Segundo Demo (2008), são poucas as instituições mais rotineiras que a escola, local em que se vai fazer todos os dias as mesmas coisas. Na verdade, o que mudou foi o mundo.

O desafio que está posto consiste em mudar a escola, destruí-la e reconstruí-la, qualificando a aprendizagem dos alunos e fazendo-a significar e articular os conteúdos com a vida real. Uma das grandes queixas é a falta de motivação, tanto para ensinar como para aprender. Vários são os motivos que levam a isso.

Prefaciar o livro de Suzana Schwartz, que trata exatamente sobre motivação, é uma honra, já que é capaz de motivar o leitor e, como a própria autora defende, mantê-lo motivado em toda a leitura.

O termo "motivação" é utilizado nos mais variados contextos com diferentes significados, às vezes até criticado por parecer algo de animação ou o despertar da vontade através de práticas pouco comprometidas, lúdicas ou sem seriedade.

O texto aqui apresentado mostra que motivação é muito mais do que isso e que deve ser estudada e conhecida pelos docentes em exercício para que possam dela apropriar-se, gerando benefícios para si e para seus estudantes.

No discurso de alguns professores, principalmente quando questionados sobre suas percepções das razões da não aprendiza-

---

* Doutora em Educação. Professora-adjunta da Unipampa.

gem por muitos alunos, aparece a falta de motivação. Essa lacuna vem se tornando comum na escola. A própria instituição escolar não tem motivação, seus atores não estão motivados. Schwartz mostra o contrário. Segundo a autora, todos estamos motivados! Não necessariamente para "o que deveríamos", mas todos estamos motivados por algo. "Motivada" pelas questões educativas, Schwartz, em seu doutoramento, estudou dedicadamente a motivação e conclui que, quando fazemos aquilo que nos significa, estamos adequadamente motivados. Por isso, a necessidade de articulação da escola com a "vida real".

A escola sofre essa "desmotivação" porque não vai ao encontro dos anseios de seus atores. Está faltando sintonia! Sintonia da escola com a vida!

A obra faz uma importante reflexão para aqueles que se preocupam com os processos de ensino e de aprendizagem e com os desafios colocados pela contemporaneidade, buscando contribuir para o repensar a educação. Instiga o debate sobre o conceito de motivação bem como sobre suas influências nos processos de ensino e de aprendizagem; leva-nos a perceber a motivação da autora, sua preocupação com a qualidade das práticas educativas e se há necessidade de comprometimento com a educação.

Além de uma rica discussão teórica, a autora traz sugestões que articulam a teoria e a prática, numa obra de leitura obrigatória para todos os professores e educadores. Schwartz consegue, de forma clara, mostrar que é possível, conhecendo as teorias, realizar uma prática docente reflexiva e, principalmente, significativa para docentes e estudantes. Não cabe, aqui, adiantar os resultados dessa articulação, mas enfatizar a importância da obra para todos os envolvidos com educação.

Introdução

O interesse pelo estudo da motivação para ensinar e para aprender foi desencadeado pela frequência com que o termo é utilizado, e, com diferentes significados, no discurso de professores principalmente quando questionados sobre suas percepções das razões da não aprendizagem por muitos alunos. Como exemplo disso, no início dos estudos para o doutoramento apliquei um questionário semiestruturado, respondido por duzentos professores alfabetizadores (SCHWARTZ, 2007), no qual a expressão "falta de motivação para aprender" e outras relacionadas a ela foi utilizada por aproximadamente 75% dos respondentes para justificar a não aprendizagem de seus alunos.

Também fui desafiada a desvendar o fenômeno porque existe quase uma concordância, no senso comum, que os alunos de diferentes níveis de escolaridade estão desmotivados para a aprendizagem (BORUCHOVITCH; BZUNECK, 2001). Muitos pais, mães e professores afirmam que *"antigamente a escola era diferente"*, tanto no que se refere ao respeito, à disciplina, à qualidade do ensino e da aprendizagem quanto à motivação para aprender.

A relevância de abordar o tema da motivação relacionado com os processos de ensino e aprendizagem também está apoiada em estudos (STIPEK & MacIVER, 1989; WIGFIELD; ECCLES, 2001; MARCHESI & MARTIN, 2002) que evidenciaram a diminuição da motivação adequada para a aprendizagem ao longo da escolaridade.

Nos estudos citados, percebi que a motivação para aprendizagem no início da vida escolar é bastante significativa; no entanto, ela geralmente diminui ao longo dos anos da Educação

Básica (ECCLES, 1993; ECCLES & MIDGLEY, 1989; HARTER, 1990; STIPEK & MacIVER, 1989, ECCLES, 2001). À medida que as crianças vão vivenciando esse período escolar percebe-se que o significado que atribuem à escola vai desaparecendo, seu interesse pelo que se ensina também (ECCLES & MIDGLEY, ECCLES et al., 1989; WIGFIELD, 1994; WIGFIELD & ECCLES, 1992; MARCHESI & MARTIN, 2002).

Dentre as conclusões desses estudos, algumas merecem destaque: os alunos dos primeiros anos da escolaridade básica, mesmo tendo, algumas vezes, dificuldades para aprender a ler e a escrever, seguem com a percepção sobre a própria capacidade de aprender elevada (CHAPMAN & TUNMER, 1995; 2003). Em contraponto, muitos dos alunos dos quintos e sextos anos relatam ter muito menos confiança de que conseguirão alcançar as expectativas que supõem ter seus pais/mães e professores com relação ao sucesso na escola. Esses alunos também percebem e estão conscientes de seus fracassos enquanto que seus êxitos não são facilmente percebidos (KLOOSTERMAN, 1988, 1996) e, frequentemente, imaginam que seu desempenho é bem pior do que realmente é (JUVONEN, 1988, 2001).

As relações evidenciadas entre os fenômenos motivacionais e as conquistas acadêmicas sinalizam para a necessidade de aprofundamento dos estudos sobre a motivação humana e suas articulações com a aprendizagem, pois a curiosidade e o desejo de aprender podem ou não ser ativados através das interações com a realidade. Como não existe ausência de motivação, estando os seres humanos sempre motivados para a evitação ou para a aproximação com o mundo e seus objetos, é importante refletir sobre o fenômeno, considerando as possibilidades que o conhecimento sobre ele pode contribuir na criação de um clima motivacional propício para o ensino e para a aprendizagem.

Ao analisar os estudos sobre o tema pude perceber que quanto menor a sensação de competência – *de ser capaz de* – o aluno tiver – sentimento esse que também é aprendido na escola –, mais pessimista será no julgamento que faz de si mesmo e menos entusiasmo sentirá quando tiver que realizar e se envolver em atividades escolares (RENICK & HARTER, 1989; ALONSO TAPIA, 2010). Muitas vezes podem perceber-se derrotados antes de iniciar a se envolver com uma tarefa/problema proposta.

Articulando teorias motivacionais, as conclusões parciais das pesquisas relacionando motivação com aprendizagem e considerando os problemas da educação no Brasil refletidos nos baixos índices de aprendizagem, surgiu a necessidade de promover reflexão crítica sobre as possibilidades da influência que a prática pedagógica, composta por estratégias e intervenções didáticas, podem ter para a criação de ambientes nos quais os aprendizes desejem, se interessem e se esforcem por aprender, pois apenas o conteúdo em si geralmente não tem sido suficiente para motivar adequadamente os alunos.

A motivação é dependente-autônoma (MORIN, 2000) de fatores contextuais e pessoais (ALONSO TAPIA, 2005), considerando as especificidades dos sujeitos e dos ambientes de aprendizagem cuja a maioria dos fatores está sob controle do professor.

Neste sentido, esse livro objetiva contribuir para o debate sobre o conceito de motivação bem como sobre as influências desse fenômeno nos processos de ensino e de aprendizagem. Para tal, inicio esclarecendo alguns pressupostos sobre o tema.

1

Motivação para ensinar e para aprender e o conceito de motivação

A que nos referimos quando falamos em motivação para aprender? Quais seriam indicadores de sujeitos adequadamente motivados para o ensino e aprendizagem? Alonso Tapia (2005) cita alguns dos comportamentos evidentes de alunos adequadamente motivados: a frequência em sala de aula, a elaboração de perguntas, a busca de esclarecimentos, a rapidez com que iniciam as tarefas propostas pelos professores, o envolvimento com elas, ausência de distração e de percepção da passagem do tempo que estão se dedicando à tarefa, manifestações de alegria e satisfação com o que estão aprendendo, são alguns desses comportamentos.

Então, julgamos que a motivação adequada para o ensino e a aprendizagem se manifesta quando existem, por parte dos alunos, indicadores de:

a) interesse;

b) envolvimento;

c) esforço;

d) concentração;

e) satisfação.

Havendo a necessidade de considerar também se esses indicadores estão presentes de modo contumaz no cotidiano da sala de aula ou apenas para tarefas específicas. Nesse sentido, é necessário diferenciar entre:

1) As razões que consciente ou inconscientemente orientam uma pessoa para agir em determinada direção, com certa

intensidade, as quais denominamos valores, interesses ou metas e que constituem a base da motivação.

2) Outros determinantes do comportamento em geral e das atividades de aprendizagem especialmente, que podem ser relacionadas às capacidades cognitivas, ao conhecimento prévio, aos esquemas de pensamento, que contribuem para desencadear a ação.

3) A influência dos fatores contextuais que podem facilitar ou inibir essas ações.

Assim sendo, ainda que o conceito de motivação, como é entendido na Psicologia, se refira às razões pessoais que consciente ou inconscientemente orientam a atividade das pessoas em direção a alguma meta, para estabelecermos algumas articulações possíveis entre motivação e aprendizagem, é preciso considerar outros fatores, já que curiosidade, interesse e esforço não surgem de modo isolado, podendo depender tanto do conhecimento prévio, dos esquemas de pensamento, como do contexto onde ocorrem as situações.

Para subsidiar a reflexão é necessário explicitar o que entendemos por curiosidade, interesse, atenção, e após trazer a historicidade do conceito de motivação e diferentes teorias motivacionais.

Segundo Alves (2003, p. 8), a curiosidade é "uma coceira nas ideias", que pode ser provocada pela dúvida, pela sensação de desconhecimento, de surpresa, com atitudes inesperadas. "A curiosidade é a voz do corpo fascinado com o mundo. A curiosidade quer aprender o mundo. A curiosidade jamais tem preguiça".

Relacionado à curiosidade, Barthes escreveu um ensaio sobre a preguiça, declarando que ela parece pertencer aos ambientes escolares, porque, lá, os alunos "são obrigados a fazer o que não querem fazer, a pensar sobre o que não querem pensar". O estudante, sem querer, sem curiosidade, arrasta-se pelo que lhe é imposto.

Também em relação à curiosidade Alonso Tapia (2005) afirma que ela é um processo manifesto da conduta operatória ativado, dentre outras coisas, pelas características da informação, tais como: a novidade, a complexidade, a surpresa, a ambiguidade, que o professor pode utilizar para captar a atenção dos alunos.

Interessar-se por algo demanda centrar e manter a atenção durante algum tempo nele. Diferencia-se, portanto, de despertar a curiosidade, que significa direcionar a atenção para algo novo, surpreendente, incerto. Quanto ao interesse, ele depende tanto de fatores pessoais como dos contextuais (ALONSO TAPIA, 1997). Quando deparamos com alunos desmotivados, tendemos a pensar que não se interessam por nada porque não entendem o que lhes é ensinado. Mas isso é um engano.

Alonso Tapia (1999) defende que o interesse está articulado com a motivação para ensinar e para aprender, que por sua vez está ligada à interação dinâmica entre as características pessoais e os contextos em que as tarefas escolares se desenvolvem. Em relação às características pessoais dos estudantes, importa que metas esses têm no momento da aprendizagem e as repercussões objetivas que o alcance (ou não) delas possui.

Quanto à influência do contexto do ensino e da aprendizagem, é possível apontar alguns aspectos que nele interferem: o modo de iniciar a aula, as interações do professor com os alunos e as que acontecem entre eles, o modo de propor as atividades, a explicitação dos critérios avaliativos e a coerência desses com a prática docente. É preciso pensar que a atuação dos professores, fatores que se encontram sob seu controle, podem interferir, qualificar ou anular os padrões motivacionais dos alunos.

Assim, em relação à atenção, para mantê-la focada em algo, é preciso que ela seja inicialmente despertada, porém, com o transcorrer do tempo, se essa não for retroalimentada, pode ser perdida, transformando-se em hábito, desencadeando o não envolvimento com a tarefa. Complementando essa ideia, Pozo (2002) percebe que os desejos nem sempre estão adequadamente motivados e que se há persistência de envolvimento em um tipo de atividade será porque além do motivo inicial surgiram outros, o que confirmaria a ideia que motivar os sujeitos para aprender precisa ser constantemente reconstruído na prática cotidiana.

Ao tentar explicar a motivação, estudiosos do comportamento humano fixaram sua atenção em determinados fatores e ignoraram, ou não priorizaram, outros. Alguns destacaram aspectos considerados não cognitivos – impulsos, necessidades, fatores ambientais ou situacionais – enquanto outros enfocaram os aspectos percebidos como cognitivos – expectativas, metas, valores, crenças, convicções – como elementos com potencial determinante para explicar e compreender (MORIN, 2003) a motivação humana. Ao longo do processo de estudo da motivação posições simplificadoras, reducionistas, vêm sendo abandonadas em prol da busca de uma compreensão mais integradora, complexa, que contemple influências de diferentes tipos e que considere relações entre pensamentos, afetos, motivação e ação.

Motivação é palavra que muitas vezes utilizamos na tentativa de explicar/compreender o porquê de uma ação. É uma das respostas possíveis à pergunta referente aos motivos de determinado comportamento. Porém, as causas que podem determinar uma ação não são apenas motivacionais. As escolhas de atuação de uma pessoa podem ser explicadas/compreendidas também por determinantes sociais, cognitivos, afetivos, além dos motivacionais, com as idiossincrasias pertinentes. Huertas (2001) afirma que motivação é "o que constitui o componente energético do ser humano, o que o move e direciona para algo que nem sempre é tangível nem evidente" (p. 47).

A motivação produz a energia inerente às ações e aos comportamentos por ela desencadeados, que serão, geralmente, selecionados com base nas experiências prévias do sujeito. Essas serão no sentido dos sentimentos de aproximação caso se relacionem a sensações que experiências similares prazerosas oportunizaram e no de rejeição e/ou evitação em relação às que não geraram sentimentos agradáveis. São fatores cognitivos e afetivos os que também influenciam na escolha, direção, magnitude e qualidade da ação que pretende alcançar um objetivo determinado (HUERTAS, 2001). Nesse sentido, as características subjetivas dos sujeitos interagem com o contexto específico para desencadear um comportamento, orientando e mantendo o atendimento de suas demandas.

No entanto, é importante considerar que motivação não é algo que se tem ou não, como se ela fizesse parte, ou não, "naturalmente" do comportamento humano. Não existe ausência de motivação. Os sujeitos estão sempre motivados, porém, algumas vezes, no caso dos estudantes, suas motivações não vão ao encontro do que os professores desejariam, pois o envolvimento motivado para aprender necessita ser (re)construído na ação, no dia a dia da sala de aula.

No cotidiano é possível perceber que apenas querer fazer alguma coisa, ter vontade, não é suficiente para fazê-la. Exemplos para isto não faltam: dieta, parar de fumar, começar a fazer exercícios, e outros. Existem razões que nossa razão desconhece. Assim sendo, percebe-se que existem fatores externos que podem justificar certas ações, causas que se encontram na situação concreta onde estas acontecem, nas condições físicas, sociais, psicológicas, emocionais. As outras razões que não são motivacionais não necessariamente se encontram fora do sujeito. Também há determinantes pessoais como as crenças, os valores, conhecimentos que resultam da elaboração cognitiva da experiência pessoal e que também orientam o tipo de ação de cada um.

Motivação é um tema complexo (MORIN, 1998, 1999, 2000) assim como são as articulações desse fenômeno com os processos de ensino e de aprendizagem. Nesse sentido, quando os professores se referem à motivação como causa de não aprendizagem precisam estar conscientes da complexidade do fenômeno e da ausência de consenso teórico sobre ele. No entanto, tanto o conceito de motivação como o de gravidade parecem ser mais fáceis de descrever (em termos de efeitos observáveis) do que de definir. É claro que isto não tem impedido os sujeitos de tentar fazê-lo (DORNYEI, 2001).

Kleinginna e Kleinginna (1981) compilaram mais de cem definições diferentes sobre motivação. Murphy e Alexander (2000) classificaram quase setenta conceitos buscando sistematizar e compreender os elementos comuns à compreensão do termo. Pode-se perceber, pois, que o conceito de motivação é complexo, polissêmico e multidimensionável.

Apresentamos a seguir alguns desses conceitos e teorias, além de um breve resgate histórico do conceito.

1.1 Motivação: breve resgate histórico do conceito sob o viés do ensino e da aprendizagem

> Os conceitos não ficam guardados na mente como ervilhas em um saco, sem qualquer vínculo que os una. Se assim fosse, nenhuma operação intelectual que exigisse coordenação de pensamentos seria possível... Nem mesmo poderiam existir conceitos isolados enquanto tais: a sua própria natureza pressupõe um sistema (VYGOTSKY, 1987, p. 95).

Em relação à afirmação acima, Schopenhauer (2007) salienta que enquanto se conhece uma relação apenas em um caso particular, pode se ter dela apenas um conhecimento individual, portanto quase intuitivo. No entanto, se identificamos a mesma relação em pelo menos dois casos distintos podemos ter um conceito de sua espécie, portanto "um conhecimento mais profundo e mais perfeito" (p. 121). Nesse sentido, procurando a compreensão integradora dos fenômenos, buscamos relacioná-los com experiências vividas, leituras realizadas e pensamentos elaborados.

Neste contexto, resgatando a historicidade do conceito de motivação, iniciamos na primeira metade do século XX, quando, nos anos de 1950, o conceito foi trabalhado por Skinner e pelas teorias condicionantes relacionadas à psicologia comportamentalista, na qual o principal enfoque era o de compreender como a motivação se articulava com o estímulo do qual se esperava uma resposta que interferisse na formação de "hábitos", considerados desejáveis.

Nos anos de 1960, com o enfoque humanista, foram introduzidas importantes mudanças neste conceito. Teóricos, como

Rogers e Maslow, propuseram que a principal força motivacional na vida dos seres humanos seria a tendência à autorrealização, caracterizada como o desejo de crescimento pessoal e de desenvolvimento das capacidades e talentos considerados herdados.

Para Maslow (1954), a conduta humana buscava a satisfação de necessidades. Ele estabeleceu uma hierarquia para elas e sustentava que, enquanto não fossem satisfeitas as mais elementares (fisiológicas, de segurança, de pertencimento e de autoestima), que eram, na sua percepção, as relacionadas com o instinto de sobrevivência, o sujeito não se permitiria outras necessidades superiores (de crescimento, intelectuais, estéticas, de autorrealização).

Quando experimentasse as necessidades mais básicas, a motivação do sujeito se mobilizaria no sentido de buscar satisfazê-las e desapareceria ou diminuiria até que a pessoa voltasse a sentir essas necessidades. No entanto, quando ocorre a satisfação das necessidades superiores, como a de crescimento, por exemplo, a motivação não cessaria, ao contrário, aumentaria para vivenciar um maior nível de êxito. As necessidades de crescimento não chegariam nunca a serem satisfeitas. Rogers (1961) também considerava que a busca da autorrealização era um aspecto decisivo para orientar o comportamento humano.

Nos anos de 1980, a literatura sobre motivação foi enriquecida pela incorporação de ideias oriundas das teorias cognitivas de aprendizagem. No enfoque cognitivo, a preocupação era a de compreender como as atitudes conscientes, pensamentos, crenças, convicções e interpretações dos fatos influenciariam o comportamento humano, ou seja, como os processos mentais seriam transformados em ações. Nessa visão, o sujeito é percebido como um ator predeterminado, que faz um balanço mental constante de seus atos. Em outras palavras, quando o sujeito decide fazer algo, o faz com base em suas crenças sobre o valor da ação e pela avaliação das suas possibilidades de êxito nela.

Nos anos de 1990, a pesquisa sobre motivação se articulou com conceitos das teorias construtivistas de aprendizagem. Com base nessa teoria, pode-se compreender que o mesmo fato ou situação não influencia da mesma maneira os sujeitos envolvidos. A percepção de uma determinada situação, por diferentes sujeitos, permite múltiplas interpretações e estas vão estar relacionadas especialmente com os conhecimentos prévios, as experiências vividas e suas inúmeras possibilidades e articulações. Dessa forma, a diversidade de compreensões para uma mesma fala, por exemplo, precisa ser considerada nos processos de ensino e de aprendizagem.

Complementando essa ideia, Freire (1987) afirma que a motivação, nos processos de ensino e de aprendizagem, precisaria fazer parte constante da ação. O sujeito se motiva/é motivado enquanto está atuando, ensinando, aprendendo. Schor (1987) concorda e acrescenta que a motivação precisa estar imbricada no reconhecimento da importância que o conhecimento tem em si mesmo. Ressalvou, porém, que "a pedagogia oficial está motivando os estudantes contra o trabalho intelectual" (p. 16).

Claxton (2006) argumenta que motivar seria modificar as prioridades de um sujeito, gerar motivos diferentes dos que existiam inicialmente. Morin (1997, p. 41), implicitamente, fala em motivação para aprender quando afirma ter sido movido a aprender por aquilo que "o *tao* chama de espírito do vale, que recebe todas as águas que afluem a ele". Menciona também que seu "vazio cultural original" criou uma busca à curiosidade, ao saber, ao imaginário, à procura da verdade, concluindo que "foi feito por aquilo de que sentia sede". Piaget (1982), convergindo para a compreensão de Morin, percebia a motivação como "o motor da ação".

Huertas (2001) afirma que não são somente motivacionais as razões que determinam a ação, apontando que "o que sabemos fazer, o que nos deixam fazer, o que nos obrigam a fazer são também causas e origens de nosso comportamento" (p. 47). Bzuneck (2001) afirma que a motivação para aprender tornou-se um problema de ponta em educação, pois se percebe que sua inadequação representa queda de investimento pessoal de qualidade nas tarefas de aprendizagem.

Nesse sentido, complementa Herman (1999) afirmando que o desejo é inconsciente, logo, o argumento de que certo conhecimento é necessário, pode até despertar a vontade do educando em aprendê-lo, mas desejar é que está, subjetivamente, articulado com o processo de motivar para aprender (HUERTAS, 2001). Hermann (1999) afirma que "o problema é que nós não desejamos o que queremos, nem tampouco ficamos muito satisfeitos de encontrar o que desejamos. Na verdade, nós, humanos, não sabemos bem o que desejamos" (p. 12).

Vasconcellos (1994) percebe que, muitas vezes, os sujeitos se encontram em estados de alienação, de "não vida", e que, de um modo geral, muitos estão nesta situação pelas próprias condições em que vivem (massificação, desvalorização, falta de atenção). No entanto, quando o sujeito se envolve com uma proposta, positivamente motivado, esse movimento pode ampliar os canais de percepção e reflexão crítica, oportunizando o estabelecimento de relações e de (re)construção de conhecimento.

Alonso Tapia (2005) afirma que as razões, conscientes ou inconscientes, que orientam os sujeitos a agirem em certa direção e com intensidade determinada, as necessidades, os valores, as metas ou os interesses constituem a base da motivação pessoal, e que essa está articulada dinamicamente com as características pessoais, os contextos e a recursividade/retroalimentação.

Com objetivo de encaminhar o aprofundamento da compreensão do conceito considerei importante trazer também para o debate diferentes teorias relacionadas ao estudo da motivação humana ao longo da história. Em relação ao objetivo de compreender, julgo importante pensarmos que explicar e compreender possuem funções complementares (MORIN, 1999). A explicação move-se, principalmente, nas esferas do lógico, do analítico, do objetivo. Para tal, apresento diferentes teorias. Já a compreensão move-se, principalmente, nas esferas do analógico, da intuição global, do subjetivo, originando diversidade de ideias, pensamentos, significados e usos.

As teorias apresentadas a seguir não obedecem necessariamente uma ordem cronológica. Algumas vezes sim, em outras foram agrupadas de acordo com o foco a que se dirigem e também sob o critério de serem consideradas as mais ou menos conhecidas.

Teorias iniciais: psicanalítica e do impulso

As teorias iniciais da motivação incluíam a ideia de uma força ou impulso como motor do comportamento humano. Este impulso poderia ter tido origem em instintos ou tendências inatas do sujeito, de necessidades adquiridas ou aprendidas. De acordo com a teoria psicanalítica de Freud, dois tipos de instintos inconscientes – sexo e agressão (vida e morte) – impulsionariam o comportamento humano.

Para o comportamentalismo (PAVLOV, 1970; SKINNER, 1975), a ação estaria determinada por elementos alheios ao sujeito: prévios (estímulos) ou posteriores (reforços). Os estímulos podem surgir do interior do organismo (forças ou necessidades biológicas) ou do exterior (recompensas, satisfações). Quando ocorresse uma articulação estímulo-resposta, o sujeito resultaria motivado.

Hull (1943) formulou a teoria da redução do impulso baseada no conceito de homeostase, considerando que a motivação surgia das necessidades biológicas do organismo: comida, água, calor, frio, entre outras. O desequilíbrio interno desencadearia um estado de necessidade que geraria um impulso que originaria os comportamentos do organismo encaminhados para satisfazer estas necessidades e para restabelecer o equilíbrio. As ações que se mostrassem eficazes para a redução das necessidades ou as que fossem seguidas por uma consequência agradável seriam reforçadas e tenderiam a se repetirem e a se estabelecerem de maneira permanente por força do hábito; as que não fossem eficazes ou não tivessem uma consequência positiva para o sujeito tenderiam a desaparecer, porém o estado de necessidade nem sempre explicaria a conduta. Seria necessário, às vezes, recorrer ao tipo de objeto-meta para o qual o organismo tende para satisfazer esta necessidade: o incentivo.

A força do incentivo, que dependeria das características do objeto-meta e o atrativo da meta buscada para reduzir a necessidade, é que determinaria o tipo e a intensidade do comportamento. De acordo com estas explicações sobre a motivação, para mudar o comportamento do sujeito seria necessário mudar as suas condições situacionais. A mudança se produziria de uma maneira mais ou menos automática, à margem da vontade e da decisão do sujeito, um tipo de conduta mais característico dos animais do que humana (LEGAZPE, 2004).

Essas teorias não foram consideradas suficientes para explicar alguns comportamentos tipicamente humanos, ações pessoais, escolhidas, decisivas e subjetivas. Essa incompletude encaminhou para a busca de explicações/compreensões menos simplificadoras que reconhecessem a possibilidade do ser humano controlar e dirigir sua ação em direção a objetivos escolhidos e não impostos e, para isso, utilizaria as capacidades superiores, que permitem a experiência consciente: o pensamento e a vontade.

Assim, teorias motivacionais de enfoque cognitivo, que incluem em sua compreensão componentes como crenças, expectativas, atribuições, metas e valores, vieram complementar o estudo desse fenômeno. Compreendeu-se que o que motivava o comportamento humano não era apenas a redução das necessidades biológicas, mas que o sujeito também buscaria atender a satisfação de necessidades consideradas de ordem superior como curiosidade, rendimento, poder, pertencimento e autodeterminação (LEGAZPE, 2004).

Essas teorias contribuíram para o aprofundamento e diferentes direcionamentos para o estudo da motivação.

Motivação extrínseca, motivação intrínseca e internalizada

No processo educacional, considerava-se, inicialmente, que era o professor que precisava motivar o aluno. Posteriormente, passou-se a considerar que a motivação era interna (intrínseca) e que, portanto, o responsável por ela era o próprio aluno (VASCONCELLOS, 1994).

White (1959) introduziu o conceito de motivação intrínseca para explicar/compreender como os seres humanos, às vezes, executam ações em que não almejam conseguir algo externo, mas sim o seu próprio desenvolvimento como pessoas e o desenvolvimento de suas capacidades, cuja própria realização é em si mesma estimulante.

Esta teoria destacou o papel ativo do sujeito no processo motivacional, em vez de um sujeito levado a atuar por forças cegas (internas ou externas), que, às vezes, desconhece. A teoria defende que a conduta humana também é intencional e que o sujeito pode decidir sobre seus comportamentos.

O "instrumento motivacional" mais utilizado, o que quantitativamente mais permeia o ideário escolar para a aprendizagem em geral, é a atribuição de prêmios e castigos. Os prêmios e castigos mais comuns utilizados nos processos de ensino e de aprendizagem são notas e/ou conceitos. Especificando, trataria de se conseguir algo desejado ou evitar algo indesejado em troca de uma "demonstração explícita" de aprendizagem.

Geralmente, quando a aprendizagem é "medida" por estas demonstrações explícitas, a epistemologia que embasa as pautas docentes do professor é a empirista, a qual percebe aprender como sinônimo de copiar, repetir e memorizar o conteúdo trabalhado. Esta epistemologia percebe a motivação como extrínseca, pois enfatiza não o que se aprende, mas as consequências de ter "aprendido". O conceito de aprendizagem aqui seria o de habilitar o aprendiz a ser capaz de reproduzir, de memorizar, de copiar, de repetir uma combinação de elementos fornecidos prontos pelo professor. Aprender aqui não supõe a atividade do aprendiz, e sim a reprodução de um conhecimento considerado acabado.

Na motivação extrínseca, o motivo para aprender está fora do que se aprende: são suas consequências e não a própria atividade de aprender em si o foco (POZO, 2002). Um aluno está extrinsecamente motivado quando realiza as atividades por motivos distintos à própria aprendizagem: para receber recompensas ou evitar sanções, por imposição dos pais e das mães, para que se reconheça seu valor. Não está interessado na aprendizagem por si mesma, mas nas consequências que derivam de seu comportamento frente a elas.

As consequências deste tipo de motivação são geralmente negativas, pois para conservá-la é necessário manter permanentemente os reforços externos (prêmios e castigos). Ainda que, em alguns casos e sobre determinadas condições, os reforços externos podem ser eficazes, e até necessários, em geral, sua eficácia é muito limitada. Incentivar externamente a aprendizagem tem limites e possibilidades: um dos limites que pode ser apontado é o de conseguir encontrar prêmios e castigos que mobilizem igualmente a todos.

Segundo Pozo (2002), as necessidades básicas não deveriam servir de suporte para os processos de ensino e de aprendizagem humanos. Seria preciso recorrer às demandas socialmente construídas, que funcionam mais objetivamente como valores, cuja influência sobre a aprendizagem é bem diferente e cuja eficácia depende do grau que o aprendiz tem interiorizado, ou seja, que a assuma como sua necessidade.

Outro limite de uma proposta de ensino baseada em reforços externos seria o de que os resultados da aprendizagem se tornem dependentes da manutenção dos prêmios e/ou castigos. A retirada destes pode extinguir o comportamento "aprendido", porém, se este comportamento for de alguma forma significado, se atender a alguma necessidade, prioridade do sujeito, permitindo ao aprendiz utilizá-lo em diferentes contextos, os resultados podem permanecer.

Alonso Tapia (1992) afirma que, quando o que move a aprendizagem é o desejo de aprender, seus efeitos sobre os resultados obtidos parecem ser mais consistentes do que quando a aprendizagem é movida por motivos externos. Novak e Gowin (1984) já afirmavam que os motivos intrínsecos, ou seja, o desejo de aprender está vinculado a uma aprendizagem construtiva, a uma busca do sentido e do significado no que estamos nos envolvendo, e não a uma aprendizagem associativa, na qual as informações são acumuladas numa lógica inerente ao conteúdo e não à aprendizagem, sem que os aprendizes se preocupem em refletir criticamente sobre elas.

Os motivos para desencadear uma aprendizagem podem ser, então, extrínsecos ou intrínsecos, sendo comum que ocorra uma mistura de ambos, uma complementaridade, tornando importante que o professor tenha clareza dessa situação e busque contribuir para a promoção da motivação mais consistente, que é o próprio desejo de aprender (ALONSO TAPIA, 1992).

A polaridade extrínseca/intrínseca deveria ser percebida como complementar em vez de dicotômica, oportunizando gerar o desejo de aprender ao criar situações, utilizando procedimentos em que o aprendiz interiorize motivos que, inicialmente, pode perceber como fora dele.

A motivação internalizada se situaria entre as duas anteriores, ainda que mais relacionada com a intrínseca, pois se trata também de um tipo de automotivação (LEGAZPE, 2004). Trata-se da motivação daqueles estudantes que realizam as atividades relacionadas com o ensino e a aprendizagem, não só pelo prazer de realizar as atividades, nem apenas pela satisfação de aprender, mas porque internalizaram, assumiram como seus certos valores, atitudes ou reforços que anteriormente eram externos e transmitidos por pais, mães, professores.

Deci e Ryan (1991), Ryan, Connell e Grolnick (1992) estudaram este tema ressaltando que, ainda que muitas atividades escolares não sejam em si mesmas motivantes, o que supõe que os estudantes as realizam não por motivos intrínsecos à própria tarefa, mas por outros alheios à aprendizagem, muitos estudantes se implicam ativamente na sua realização. Para estes autores, a explicação está na assunção por estes estudantes de certos valores que supõem considerar como muito importantes o fato de envolver-se ativamente em sua aprendizagem.

Estes autores também sustentam que na motivação extrínseca existem diferentes níveis, nos quais se pode ir avançando enquanto se vai desenvolvendo a capacidade de autorregulação da própria conduta. À autorregulação ou ao autocontrole do comportamento se chegaria desde a ausência de controle, quando o comportamento está dirigido pelas necessidades e gostos, passando pelo controle externo de pais, mães e/ou outros adultos, até chegar à internalização desse controle externo, assumindo-o como próprio.

A passagem da regulação externa para a interna significaria diferentes formas de motivação, que são denominadas "estilos de autorregulação" e que têm importante repercussão na aprendizagem escolar e na motivação acadêmica. A percepção da necessidade de uma atitude integradora de conjugar os componentes cognitivos e os afetivo-motivacionais com o intuito de melhorar a aprendizagem e o rendimento escolar tem se encaminhado como consensual entre os pesquisadores do tema.

A revisão da literatura sobre motivação encaminha para o papel importante dos processos cognitivos (habilidades, autoconceito, expectativa de sucesso) no afeto e na motivação (COVINGTON, 2003; BANDURA, 1977) e também para o fato de que a falta de percepção de controle sobre os resultados e as crenças negativas de competência fazem com que haja uma diminuição do esforço e da persistência frente às dificuldades.

Muitos alunos costumam se preocupar excessivamente com o conseguir aprender, ou conseguir "fazer o que o professor quer", porém centram sua atenção e, consequentemente, sua energia no produto que imaginam "que o professor queira". Somam a isso, algumas vezes, sentimentos de incompetência, sensação de fracasso e/ou impossibilidade de atender ou compreender o que lhes é solicitado, o que aumenta o nicho de ansiedades, diminuindo a atenção para o procedimento de aprendizagem que estão realizando, provocando outro círculo vicioso. Ao não conseguir realizar a tarefa, reforçam seus sentimentos negativos e, ao aproximar-se de outra demanda, já o fazem sentindo-se derrotados.

Neste sentido, é importante trazer a afirmação de Vergnaud (1997) que a didática é uma provocação, mas que não deve ser exercida o tempo todo, ou seja, na sala de aula, nos processos de ensino e de aprendizagem, as intervenções didáticas precisam considerar pelo menos dois momentos: o de acolhimento das hipóteses já construídas pelos aprendizes e o de ruptura, para provocar avanços nas mesmas hipóteses, não significando que os dois tenham que estar presentes em todos os encontros, situações e procedimentos didáticos. O professor precisa ter sensibilidade para saber qual o momento de acolher as hipóteses incompletas dos alunos, para fortalecer seu autoconceito, sua percepção de ser capaz de elaborá-las e o de desordená-las, pois só descubro a coragem quando enfrento meus medos (FREIRE, 1996), mas para enfrentá-los é preciso perceber-se e sentir-se capaz de fazê-lo.

A motivação para o ensino e para a aprendizagem é dependente/autônoma das metas com que professores e alunos chegam aos espaços educativos. A seguir apresento as teorias voltadas para o alcance de metas.

Teoria das metas

No grupo de teóricos que trabalha com a motivação para o êxito, algumas teorias vêm destacando o papel das metas na motivação nos processos de ensino e de aprendizagem. Dweck e Elliot (1983), Dweck (1985, 1986, 1999), Elliot e Dweck (1988) propuseram a diferenciação de dois tipos de metas nas atividades orientadas para o êxito: metas de aprendizagem, quando os sujeitos perseguem construir novas habilidades ou a se aperfeiçoar com a realização de uma tarefa, e metas de execução, quando os sujeitos pretendem prioritariamente realizar a tarefa para conseguir avaliações positivas (ou evitar juízos negativos) sobre sua competência. No primeiro caso, o que se deseja é "ser" mais competente, enquanto que, no segundo, a prioridade é "aparecer" como competente (ou evitar demonstrar que não o é).

Algumas vezes, ambas as metas são dialogicamente compatíveis, mas, em outras ocasiões, parece ser preciso escolher uma delas. Nessas situações, optar por um ou outro tipo de meta depende também da concepção que se tenha de inteligência.

Se a inteligência é concebida como um conjunto de habilidades e conhecimentos que se podem desenvolver com a prática, como um processo em que se fica inteligente aprendendo, o sujeito poderá perseguir metas de aprendizagem porque considerará ser possível incrementar sua competência. Se considerar que a inteligência é um dom estável, inato, tenderá a pensar que as ações são dependentes-autônomas da inteligência e, dependendo do autoconceito que tiver sobre sua própria inteligência, poderá ou não se sentir capaz de realizar as tarefas propostas, o que sinaliza para a necessidade de reflexão crítica sobre como os sujeitos conceituam inteligência.

No caso de alunos com histórico de múltiplas repetências, esses, geralmente, evidenciam a percepção de que não nasceram inteligentes, e que, portanto, não se consideram capazes de aprender. É preciso trabalhar com esse pensamento e essa expectativa destes sujeitos, buscando transformá-los, pois dar prioridade a um tipo de meta ou outro tem repercussões na motivação do sujeito, no modo de enfrentar a tarefa, nas atuações, nas atribuições, nas expectativas, na valorização das conquistas.

Várias teorias são focadas nas percepções dos sujeitos sobre suas competências e eficiências, expectativas de sucesso e de fracasso e de senso de controle sobre os resultados, estando estas relacionadas com a resposta que atribuem à pergunta: "sou capaz de desempenhar esta tarefa?" Em geral, quando as pessoas respondem afirmativamente a esse questionamento, elas realizam melhor suas tarefas e permanecem motivadas para outras (ALONSO TAPIA, 2005).

Ao observar o comportamento de diferentes sujeitos envolvidos nos processos de ensino e de aprendizagem, em diferentes níveis de escolaridade, podemos perceber que muitos educandos estudam, ou cursam algum nível de ensino buscando alcançar diferentes metas, ou por diferentes motivos: buscam qualificação profissional, outros visam apenas o diploma, por curiosidade, por obrigação, motivados, portanto, por diferentes valores e objetivos, que estão na origem da ação humana.

Os sujeitos agem impulsionados por objetivos imediatos ou de longo prazo. Assim, discorrer sobre motivos implica em falar também da energia, da força, que mobiliza o sujeito para o alcance de determinadas metas. "Os motivos dinamizam a personalidade, enquanto que a motivação é o processo através do qual os motivos surgem, se desenvolvem e mobilizam comportamentos" (LA ROSA, 2001, p. 170).

Teorias motivacionais baseadas no alcance do êxito

Nas teorias centradas no conceito de motivação para o êxito (McCLELLAND, 1985; McCLELLAND, ATKINSON, CLARK, LOWELL, 1953) podem ser destacados dois componentes: um de aproximação ao êxito e outro como uma tendência de evitação ao fracasso. Ambos considerados como aspectos estáveis da personalidade humana que autorizam o sujeito experimentar orgulho quando consegue alcançar uma meta e vergonha quando não consegue. O sujeito, ao longo de suas experiências na vida, aprende a antecipar essas duas sensações em diferentes situações e contextos, originando tendências de aproximação ou evitação, de acordo com o afeto antecipado: se for positivo (se prevê um êxito) ou negativo (se prevê um fracasso).

Dessa forma, acreditava-se que esta diferença em antecipar emoções (orgulho ou vergonha) era a que respondia às dúvidas sobre algumas causas dos comportamentos. Por que uns se envolviam com a aprendizagem com entusiasmo e outros não? Por que alguns escolhiam tarefas simples, nas quais o êxito parecia assegurado, enquanto outros se dedicavam a problemas considerados desafiadores, nos quais existia um equilíbrio entre a possibilidade de triunfar ou fracassar?

Teorias motivacionais baseadas na expectativa-valor

Apesar de que as teorias que explicitavam as percepções de competência, expectativas e controle fornecessem consistentes explicações para o desempenho em diferentes tipos de propostas e tarefas, estas teorias não alcançavam compreender as razões por que os sujeitos se envolviam ou não em diferentes tarefas. Mesmo que se percebessem capazes de realizar determinada proposta, os sujeitos podiam não desejar se envolver nela.

As teorias denominadas expectativa-valor (ECCLES & WIGFIELD, 2002) vêm enfocar a questão dos porquês do comportamento. Uma das causas pode estar articulada com o conceito de motivação intrínseca. Segundo estes autores, muitas teorias enfocam a diferenciação entre motivação intrínseca e motivação extrínseca (SANSONE & HARACKIEWICZ, 2000). Quando o sujeito está intrinsecamente motivado, ele se envolve na atividade porque está interessado nela e desfruta deste envolvimento. Quando está extrinsecamente motivado se engaja em alguma atividade pelo que vai receber desempenhando-a. Quando não se envolve, parece não ter sido alcançado por nenhuma destas razões.

Teorias motivacionais baseadas na percepção de autoeficácia

A teoria motivacional de autoeficácia (BANDURA, 1977) está embasada em fatores cognitivos, tais como expectativas, intenções, antecipações e autoavaliações. Diferencia *expectativas de eficácia* (a convicção que uma pessoa tem de poder realizar com eficiência uma ação determinada) e *expectativas de resultado* (a avaliação que uma pessoa tem sobre si mesma em relação a uma ação concreta, se conseguirá os resultados desejados).

Estes dois tipos de expectativas são diferentes porque os sujeitos podem acreditar que certo comportamento vai produzir certo resultado (expectativa de resultado), mas podem não acreditar serem capazes eles próprios de realizar esses comportamentos e alcançar o objetivo (expectativa de eficiência). De fato, Bandura enfatizou que a expectativa de eficiência dos sujeitos é fator com potencial determinante para o alcance dos seus objetivos, sua escolha de ações, seu envolvimento para investir esforços e sua persistência.

Segundo este autor, para realizar um comportamento adequado para desenvolver alguma tarefa é preciso que o sujeito possua, além dos conhecimentos e habilidades inerentes, expectativas de autoeficácia. Estas expectativas são fundamentais para a motivação, para a conduta humana e, muito especialmente, para o rendimento escolar e para o êxito profissional (BANDURA, 1997; BANDURA et al., 2001), podendo ser ensinadas e aprendidas ao longo das vivências escolares ou não, desde que o sujeito vivencie situações em que atenda suas próprias expectativas e aprenda a antecipar esse afeto. No contexto da sala de aula, é importante que o professor desenvolva estratégias para a criação e o desenvolvimento de situações que oportunizem a percepção do sujeito se sentir capaz de realizar tarefas e de aprender.

Teoria da autovalorização ou atribuição

Existe uma tendência de valorização pessoal que prioriza o ter ao ser, ou, em outras palavras, aos êxitos evidentes em prol de outros não tanto, da capacidade pessoal de sucesso, de uma forma competitivo-comparativa. Neste sentido, algumas investigações sobre a motivação para a aprendizagem percebem a contribuição das "boas notas" para a autoestima do estudante assim como a das notas consideradas ruins (ROSENBERG, 1965). O êxito (nesse caso, a capacidade para alcançar boas notas) é o valor que predomina no cérebro de muitos estudantes. Considerando estes fatos, pode-se supor que a autoestima dos aprendizes seja, costumeiramente, equiparada a esta capacidade: receber boas notas na escola seria sinônimo de ser valorizado como ser humano, não obter bons resultados seria sinal de falta desta capacidade e motivo para duvidar do seu valor pessoal (BEERY, 1975).

Nesse ponto, nos encontramos em um conflito de valores. Por um lado, a teoria de atribuição pressupõe que os valores mais importantes são os que obedecem à ética do esforço, e, por outro lado, a teoria da autovalorização está embasada no pressuposto de que os sentimentos de valor e de orgulho derivam da crença em si mesmo e na própria inteligência. Mas, por que existe conflito? Não poderiam os sujeitos ser competentes esforçando-se e sentindo-se capazes e inteligentes, ao mesmo tempo? Teoricamente sim, e às vezes isso até acontece, mas, geralmente, as escolas parecem estar organizadas de maneira que a aprendizagem parece se transformar em um jogo de capacidades de conseguir boas notas. Nesse jogo específico, a quantidade de esforço que os aprendizes dedicam para aprender oferece uma informação direta sobre sua capacidade.

Por exemplo, se têm sucesso ao estudar muito, sobretudo se a tarefa for considerada difícil, a valorização de sua capacidade se incrementa; mas, se existe esforço, e fracassam, e mais ainda, a tarefa é considerada fácil, isso é, geralmente, atribuído à capacidade escassa. Nesse caso, o esforço pode se transformar numa "faca de dois gumes": os sujeitos valorizam o esforço porque são premiados por ele, mas também temem se esforçar, pois, no caso de fracassar, isso seria uma ameaça ao seu valor pessoal.

A teoria de valor pessoal sustenta que proteger o sentido de capacidade é a prioridade do estudante, mais importante, às vezes, que uma boa nota, de modo que os alunos podem prejudicar-se a si mesmos não estudando, não investindo esforço, não se envolvendo com a aprendizagem, para ter uma desculpa para fracassar que não reflita de modo negativo em sua capacidade (COVINGTON, 1998).

Esta questão pode ser também exemplificada por casos divulgados pela imprensa mundial de *bullying*, termo designado para definir alunos que são "abusados emocionalmente", principalmente por seus colegas de aula, e o que ocorre com maior frequência refere-se aos alunos e às alunas denominados pejorativamente "cdf's" ou "*nerds*", ou seja, os mais estudiosos e dedicados, o que sinaliza para um paradoxo importante: a escola que deveria ser o local para a construção de aprendizagens sistematizadas acaba contribuindo para que sejam nela discriminados os sujeitos que se esforçam para alcançar este objetivo, como que "rindo de seus esforços e envolvimentos com as tarefas".

De acordo com a abordagem de valor pessoal, o estudante que se nega a estudar, a se envolver, também está motivado; o que o motiva é geralmente a proteção da sua autoestima, o medo de investir em algo que não se considera capaz de realizar. Algumas vezes pode estar motivado pela dificuldade de atribuir significado ao que está sendo estudado na escola. Portanto, é até provável que o fato de não ser bem-sucedido se deva a um excesso de motivação, mas por razões inadequadas, e não por falta (ou ausência) de motivação.

A teoria de autovalorização permite a análise de que a atual crise educativa não é uma simples questão de escasso rendimento. Este parece ser o sintoma, não a doença. Acredito, como Covington (1998), que, se os professores tentarem modificar as razões para os estudantes aprenderem, de negativas para positivas (significar os conhecimentos, articulando sua construção com situações prazerosas), os sintomas (ausência de envolvimento com a tarefa) poderiam desaparecer. Mas, como as coisas estão, tentar acrescentar mais anos de estudos, mais dias no calendário escolar, mais tempo na escola, é "apenas" condenar os estudantes a investir/desperdiçar mais tempo, geralmente em ambientes desagradáveis, improdutivos, cansativos e repetitivos. Como afirma Demo (2008), aumentar o que está ruim só pode piorar o que já está posto.

Tampouco a solução parece estar em ações simplificadoras como incrementar novos requisitos aos cursos ou elevar os níveis acadêmicos de exigência. Se os estudantes não estão sendo "capazes" de desenvolver os antigos requisitos, por que estariam à altura de "novos" e mais elaborados? As soluções parecem apontar para outro lugar, para uma mudança de paradigma na forma de pensar a escola, o ensino e a aprendizagem (MORIN, 2004).

Resumindo algumas abordagens da motivação para a aprendizagem, as que interpretam o conceito de motivação como impulso costumam sugerir que a melhor maneira de estimular os estudantes para desempenharem seus papéis é a de criar uma competição entre eles, que muitos lutem por poucas recompensas, no que denominamos jogo das capacidades. Nestas circunstâncias são fomentadas razões negativas para aprender – alcançar êxitos por medo de perder, de ser excluído, desvalorizado, pela angústia de se sentir incompetente – com consequências desastrosas, para a aprendizagem.

Acrescente-se que as recompensas que se costumam oferecer são, geralmente, extrínsecas, o que é percebido como quase irrelevante para o motor da ação de aprender/ensinar, pois implica que, quando se alcança o reconhecimento, se satisfaz ou desaparece a ameaça de exclusão, já não existe razão para seguir aprendendo, podendo desencadear um nível de acomodação bastante destrutivo.

Finalmente, a busca deste tipo de recompensa cria uma situação prejudicial, pois se associa aprender com evitação de alguma coisa ruim e não, necessariamente, na obtenção de algo bom. Estas circunstâncias priorizam o envolvimento dos alunos no rendimento por si mesmo, sem considerar o que aprendem nem o significado que tem para suas vidas a aprendizagem. A meta passa a ser a nota, o reconhecimento, que não são, geralmente, sinônimos de aprendizagens significativas.

Também, com base na relação da percepção de si mesmo, Seligman (1968), apresentou o desamparo aprendido fazendo importante relação entre o modo como o sujeito se reconhece como capaz ou não de aprender, como esse sentimento se dá, e suas articulações com os processos de ensino e de aprendizagem.

O desamparo aprendido

Uma das contribuições mais importantes da teoria da atribuição para a prática educativa tem a ver com o fenômeno do desamparo aprendido (SELIGMAN, 1968; SMILEY & DWECK, 1994). Uma compreensão possível para esta expressão é a de um estado de depressão ou de perda de esperança que acompanha a crença de que mesmo com muito esforço, por melhor que se tente fazer as coisas, o fracasso, o não conseguir alcançar os resultados desejados, é inevitável (COVINGTON, 1998).

O desamparo aprendido foi estudado inicialmente em laboratório, investigando-se o condicionamento de medo dos animais (SELIGMAN; MAIER & GEER, 1968). Na primeira fase destas experiências, cachorros foram submetidos a descargas elétricas das quais não podiam escapar. Na segunda fase, os cachorros podiam evitar os choques realizando um comportamento simples que, em outras circunstâncias, aprenderiam com facilidade. Entretanto, muitos seguiram suportando as descargas e manifestaram atitudes de retraimento extremo, passividade, reações que, se fossem apresentadas por seres humanos, seriam consideradas sintomas de indiferença, de falta de vontade ou de aborrecimento.

Com base nestes resultados, sugeriu-se que o fato de terem sido expostos a um elemento aversivo e incontrolável na primeira fase da experiência havia feito com que os animais ficassem indefesos para atuarem posteriormente em defesa própria (SELIGMAN; MAIER & SALOMON, 1971; SELIGMAN, 1975). Quando aceitaram que o castigo escapava à sua capacidade de controle, as estratégias de enfrentamento positivo para o problema desapareciam. Resumindo, não era a qualidade aversiva da descarga elétrica o que provocava o desamparo, mas a sensação de impossibilidade de controlá-lo.

Covington (1998) afirma que a teoria comportamentalista fez com que se pensasse que o reforço tinha um poder quase mágico. Mesmo atualmente, a maioria de nós aceita com tranquilidade a ideia de que se uma ação é premiada (reconhecida, valorizada, reforçada) aumenta a probabilidade de voltar a se repetir, e, ao contrário, quando uma ação é castigada, a expectativa geral é a de que ela não se repita. Assim, aprender e reforçar estiveram muito identificados ao longo das teorias educacionais, e ainda estão. Estes procedimentos costumam apresentar uma incômoda semelhança com a aprendizagem habitual em sala de aula.

Segundo os princípios do condicionamento, a aprendizagem aconteceria pela associação entre uma ação e seus resultados: se estes forem positivos, o sujeito aprende que para voltar a obtê-los tem que repetir a ação. Aprendeu a relação de causa e efeito entre duas variáveis. Nesta descrição, porém, foi esquecido um "detalhe" importante: o sujeito pode também aprender a independência entre estas duas variáveis, pode não ver a relação entre a sua ação e os efeitos que ela produz ou pensar que sua ação não conduz aos efeitos desejados.

Suponhamos que um aluno estude muito (de acordo com seus próprios critérios) para uma avaliação e mesmo assim seja reprovado. Aprenderá a ver a relação entre estudar e ser aprovado ou que são duas variáveis independentes, sem relação de causa e efeito?

Esse fato poderia encaminhar para o desamparo aprendido, a falta de controle ou a desesperança em sua capacidade de atender às demandas da professora. A falta de esperança relacionada com os processos de ensino e de aprendizagem, a falta de eficácia da própria ação para mudar o rumo dos acontecimentos ou de alcançar os objetivos desejados parece ter sido aprendida. Sentimento que não se distingue entre alunos e professores. Assim como os alunos podem se sentir incapazes de aprender, muitos professores podem se sentir incapazes de ensinar a alguns alunos. E parar de tentar.

Seligman (1975) parte da ideia de que tanto o ser humano quanto os animais podem aprender, que existe independência entre seu comportamento, sua ação e os resultados consequentes. Muitos de nossos convencimentos, de nossas "certezas" sobre as nossas incapacidades, são conclusões formadas de experiências negativas e que, geralmente, não correspondem à nossa capacidade.

Esta desvalorização que desencadeia a "desesperança" e que, mais ou menos, invade a todos é expressa com frases automatizadas com base no senso comum que, muitas vezes, aceitamos como adequadas, mas que não correspondem ao fato: "isto não é para mim", "é areia demais para o meu caminhão", "estou velha demais para aprender", "já não tenho idade para isto", são alguns exemplos destes tipos de frases a que me refiro. No fundo, estas expressões parecem encaminhar para um determinismo e um tipo de renúncia para a mudança que pode significar falta de crença em suas próprias capacidades.

No ambiente educativo, este tipo de expressão é muito comum, tanto da parte dos alunos como de professores. Por isso, é importante refletir sobre este fenômeno, já que a frequência com que nos deparamos com alunos descrentes de suas capacidades ou que desenvolveram estratégias de resolver os problemas e tarefas propostas em sala de aula como "aprenderam" ser a expectativa da maioria dos professores, é muito grande.

Mesmo no Ensino Superior, quando propomos uma tarefa que parece diferente da maioria das tarefas "aprendidas" ao longo da escolaridade, os alunos ficam muito atrapalhados para realizá-las e costumam centrar sua ação em "detalhes" que pareceriam sem importância para a realização da tarefa. Sobre este tema, Silva (1979) relata que, no início do ano letivo, sempre propunha uma atividade de escrita com os alunos do curso de Letras, com o objetivo de conhecê-los um pouco mais e ao seu nível de produção textual. Apresentava uma gravura, pedindo que os aprendizes a descrevessem, e era surpreendido com perguntas do tipo: "Pode ser a lápis?", "quantas linhas tem que ter no mínimo? E no máximo?", "vale nota?" Estas perguntas indicam algumas das prioridades que os aluno designam para a tarefa, e isso é muito comum de acontecer nas salas de aula.

Essa ideia tem a ver com o que Buron (2004) e Seligman (1975) se dedicaram a investigar, que poderia ser denominado aprendizagem de procedimentos unificados e amalgamados ao longo da escolaridade, ou seja, da mesma maneira que a professora da menina julgou, com seus critérios, que a única resposta adequada seria a resposta "completa", no caso do nome da poesia, os alunos pensam que precisam aprender "o que o professor quer com a tarefa proposta" como se houvesse apenas uma única maneira "certa", em vez de buscar compreender quais os objetivos a serem alcançados, atribuir significado a eles e ter prazer por aprender o conteúdo.

Covington (1985) relaciona o autoconceito com a motivação para o sucesso/êxito, afirmando que o aluno e a aluna sentem que seu valor depende de sua capacidade de alcançar ganhos, mas a maneira como isso tem sido estabelecido no ambiente escolar tem gerado competitividade, tornando os aprendizes motivados a lutar para não fracassar (o que a escola considera fracassar) e valorizando o que se destaca como um símbolo de habilidade, não como saber.

No que se refere à aprendizagem da leitura e da escrita nos anos iniciais da escolaridade, este "jeito de funcionar" tem gerado distorções como os inúmeros "copistas", ou seja, analfabetos que chegam nesta condição em anos bem avançados da escolaridade sem saber ler nem escrever, nem compreender, mas sendo capazes de copiar tudo com rapidez do quadro de giz e ter os cadernos completos e outros requisitos que não atestam nenhuma das aprendizagens desejadas, mas que correspondem a critérios avaliativos de seus professores.

Entretanto, parece que esse argumento se contradiz ao que ocorre: Por que as pessoas vão se sentir responsáveis por fatos que não podem controlar, sobretudo, se tentarem, investirem muitos esforços para isso? A resposta desta pergunta parece estar no fato de que o principal desencadeante do sentimento de desamparo/desesperação não tem que ser porque o sujeito tenha tentado, mas, apesar disso, fracassado, ou seja, não é o fato de não deter o controle, mas sim a implicação que isso traz, de sentir-se incompetente (COVINGTON, 1985, 1998). Consequentemente, pode-se pensar que o sentimento de desesperança, o desamparo, se produz quando se atribui de forma repetitiva o fracasso a causas internas que parecem estáveis, nesse caso, à falta de capacidade, de inteligência, de competência.

Os estudantes desesperançados diferem dos que se orientam para o sucesso não apenas nas atribuições que se fazem, mas também no tipo de estratégias que utilizam para enfrentar o fracasso. Num estudo de Diener e Dweck (1978) se ensinou tanto aos estudantes desesperançados como aos que tinham sucesso nas aprendizagens a resolver uma série de tarefas de discriminação visual. Ao final da instrução, ambos os grupos eram igualmente competentes.

Numa segunda fase desta experiência se apresentaram problemas de discriminação visual semelhantes, mas insolúveis, e os estudantes tiveram que manifestar verbalmente seus sentimentos/pensamentos enquanto trabalhavam. Quando iniciou a fase do fracasso, os aprendizes desesperançados se comportaram como se nunca tivessem conseguido resolver os problemas anteriores. Mostraram uma diminuição de estratégias razoáveis, como a comprovação de hipóteses, e começaram a desenvolver atividades irrelevantes e estereotipadas, como as de "tentar escolher estratégias ao azar". Manifestaram expressões típicas do desamparo, como: "nada do que faço dá certo". Ao contrário destes, durante esta fase de fracasso, os estudantes que estavam acostumados a ter sucesso nas aprendizagens empregaram as mesmas estratégias e, algumas vezes, outras mais complexas, que haviam aprendido na seção de instrução inicial, e tenderam a atribuir o fracasso umas vezes à falta de esforço pessoal e outras a dificuldades crescentes dos problemas, mas o mais importante é que lhes preocupava menos pensar nas causas do fracasso do que descobrir como podiam remediá-lo.

Em outro estudo complementar, Diener e Dweck (1980) demonstraram a natureza insidiosa da dinâmica do desamparo e sua influência negativa onipresente nos aspectos do êxito. Depois que os estudantes desesperançados tinham experimentado o fracasso de maneira repetida, foi solicitado a eles que refletissem sobre os êxitos anteriores na fase de instrução. Os aprendizes revisaram suas atribuições prévias, que no início haviam sido muito positivas, de maneira que, ao olhar para trás, não recordavam a sensação de competência. Por outro lado, os outros aprendizes, acostumados com o sucesso, se mantiveram firmes em suas lembranças positivas. Finalmente, os estudantes desesperançados subvalorizaram de maneira sistemática os problemas que haviam resolvido na primeira fase e recordaram mais fracassos do que os que na realidade haviam vivenciado nesta experiência, o que encaminha para a percepção de que o significado que se atribui aos êxitos e fracassos experimentados no passado influem no futuro, mas, mais do que isso, para alguns, o presente também pode voltar ao passado e distorcer o que aconteceu em detrimento do futuro.

No caso dos estudantes multirrepetentes, este sentimento foi, geralmente, incrementado e, se não for considerado, explicitado, trabalhado, vai impregnar o processo com sentimentos negativos e com a falta de crença de se sentir capaz de aprender. Nisso reside a importância de promover um resgate de um autoconceito positivo, orientado para a possibilidade de sucesso, sentimento, muitas vezes, desconhecido dos alunos.

Teorias sociocognitivas de autorregulação do ensino e da aprendizagem e a motivação

Na discussão sobre autoeficácia e autorregulação, Schunk (1990), Schunk e Zimmerman (1994), Schunk e Ertmer (2000) enfatizaram a reciprocidade dos papéis de estabelecimento de metas, da autoavaliação e da autoeficácia. Eles percebem esta articulação de duas maneiras: quando as metas são próximas, específicas e desafiantes, elas são mais efetivas para motivar o comportamento dos aprendizes e para incrementar a percepção de suas capacidades pessoais. Em outro estudo, Schunk e Zimmerman (1994) analisaram como a autoeficácia pode influenciar na aprendizagem de metas de desempenho, sugerindo que esse sentimento pode ser mais significativo nas metas de aprendizagem do que em outras. Outros teóricos também sustentam estas ideias (ELLIOT & DWECK, 1988; MEECE et al., 1988).

A visão social cognitiva da autorregulação enfatiza a importância da crença na autoeficácia, na atribuição causal e em metas estabelecidas em comportamentos direcionados ao acompanhamento da tarefa. Uma vez que o aprendiz tenha se engajado na tarefa, é preciso acompanhar seu comportamento, avaliar seus resultados e intervir para regular o que eles fazem.

A percepção da necessidade de uma atitude integradora para conjugar os componentes cognitivos e os afetivo-motivacionais com o intuito de melhorar a aprendizagem e o rendimento escolar tem se encaminhado como consensual entre os pesquisadores do tema. As investigações sobre a cognição têm sugerido que os estudantes que aprendem "mais" diferem dos que aprendem "menos" também na forma em que autorregulam seus processos mentais e utilizam estratégias de aprendizagem.

Os que melhor aprendem alcançam o objetivo porque parecem saber como dirigir seu pensamento para alcançar uma meta de aprendizagem, canalizando a energia da ação para a solução do problema, sabem que estratégias utilizar para melhorar a construção e o uso do conhecimento, como, onde e por que empregá-las (CHIPMAN & SEGAL, 1985; WEINSTEIN & MAYER, 1986; ZIMMERMAN; MARTINEZ PONZ, 1990; WEINERT & KLUWE, 1987; PARIS et al., 1990).

Conforme Zimmerman (2000), os estudantes considerados autorregulados geralmente apresentam três características:

1) Utilizam uma variedade de estratégias autorreguladas (processos ativos de aprendizagem, que envolvem ação e direção).

2) Acreditam que podem desempenhar seus propósitos eficientemente.

3) Estabelecem múltiplas e variadas metas para si mesmos.

Além dessas características, os aprendizes autorregulados geralmente atuam com base em três processos:

1) auto-observação (monitoram seus comportamentos);

2) autoavaliação (avaliam o quanto suas performances são adequadas em comparação com o padrão ou com o desempenho dos outros);

3) autoeficácia (reações voltadas para o resultado).

Quando percebem estes processos como favoráveis, especialmente se estão se configurando em direção contrária ao fracasso, os aprendizes persistem mais consistentemente na continuidade das ações.

A investigação motivacional tem encaminhado para a percepção de que os estudantes que têm crenças positivas de competência possuem grandes expectativas de êxito, motivação intrínseca para a aprendizagem, fatores estes que são dependente-autônomos. Além disso, percebem significado na tarefa proposta. São os que têm maior probabilidade de se envolver ativamente nos processos de ensino e de aprendizagem e, consequentemente, aprendem melhor (HARTER, 1986; PINTRICH, 1989; SCHUNK, 1989; DWECK, 1986; STIPEK, 1988).

Algumas investigações sobre autorregulação da aprendizagem, campo de estudo em crescente expansão, encaminham para a percepção de que o uso que os educandos fazem de diferentes estratégias de aprendizagem autorregulada está articulado com suas características motivacionais, especialmente com suas crenças de autoeficácia, o que parece demonstrar que as variáveis motivacionais não só contribuem para o rendimento em procedimentos educacionais – armazenamento, processamento e utilização da informação – como também influenciam na qualidade destas funções.

Teoria da autodeterminação

Com base na crescente evidência de que incentivos extrínsecos e outros fatores relacionados a pressões poderiam minar a motivação para desenvolver mesmo atividades consideradas interessantes, Deci e Ryan (1985) propuseram a teoria da autodeterminação, na qual integraram duas perspectivas da motivação humana, como segue:

a) os sujeitos são motivados para manter um nível ótimo de estimulação;

b) os sujeitos possuem necessidades básicas de competência, bem como as causas pessoais de autodeterminação.

Estes autores salientam que os sujeitos buscam um nível de atividades estimulantes e desafiadoras e percebem essas atividades como intrinsecamente motivadoras porque têm uma necessidade básica de competência.

Além disso, argumentam que a motivação intrínseca é sustentada apenas quando os sujeitos sentem-se competentes e autodeterminados. Evidências de que a motivação intrínseca é reduzida pela introdução de controles externos e por resultados negativos relacionados com a competência pessoal suportam esta hipótese (CAMERON & PIERCE, 1994; DECI & RYAN, 1985; DECI et al., 1999).

Deci e Ryan (1985) argumentam que as necessidades básicas de competência e de autodeterminação também desempenham um papel importante no comportamento extrinsecamente motivado, considerando, por exemplo, um estudante que, conscientemente e sem nenhuma pressão externa, escolhe uma determinada disciplina, ou curso, porque este pode ajudá-lo a ganhar mais dinheiro e está guiado por sua necessidade básica de competência e autodeterminação, mas sua escolha é baseada em razões extrínsecas ao curso por si mesmo.

Na teoria do fluxo, Csikszentmihalyi (1988) definiu como comportamento intrinsecamente motivado, em termos da experiência subjetiva imediata, o que ocorre quando os sujeitos se envolvem em uma atividade. Este autor definiu "fluxo" como sendo caracterizado por um sentimento holístico de "estar imerso em", sendo conduzido para uma atividade; por uma articulação da ação com a consciência; por um foco de atenção num campo limitado de estímulos; e, por uma necessidade de autoconsciência e sentimento de controle sobre a ação e o contexto.

O "fluxo" só seria possível quando o sujeito sentisse que a oportunidade para a ação, numa situação específica, combina com sua habilidade de enfrentar os desafios. O desafio de uma atividade pode ser concreto, como escalar o pico de uma montanha, ou abstrato e simbólico, como uma história que precisa ser escrita ou um quebra-cabeça para montar.

O comportamento intrinsecamente motivado pode ser conduzido por metas finais mesmo que o pensamento do sujeito perceba estar motivado apenas por incentivos imediatos. Um caso típico é o comportamento exploratório ou de brincadeira, ambos os comportamentos contribuem para incrementar a competência do sujeito, mas eles são usualmente desempenhados porque são prazerosos, excitantes.

Teorias motivacionais voltadas para o interesse

De acordo com essas teorias o interesse dos sujeitos nos processos de ensino e de aprendizagem é evidenciado pela manutenção da atenção focada nas ações, procedimentos planejados, intervenções didáticas. Para que isso ocorra, os alunos precisam estar adequadamente motivados.

Existem algumas recentes discussões sobre o conceito de interesse (ALEXANDER et al., 1994; HIDI; HARACKIEWICZ, 2001; SHIEFELE, 1999) que diferenciam interesses individuais e situacionais. Interesses individuais referem-se a orientações estáveis para algum tipo de ação, e interesses situacionais refletiriam um estado emocional originado por algum fator específico de uma atividade ou tarefa. Dois aspectos ou componentes do interesse individual são identificáveis (SCHIEFELE, 1999): os sentimentos relacionados e o valor atribuído.

Os sentimentos relacionados referem-se aos associados a um objeto ou uma atividade, com envolvimento e consequências. O valor refere-se à atribuição pessoal de significado ou importância para um objeto ou atividade, como, por exemplo, se o estudante associa matemática com alto significado pessoal porque ela pode ajudá-lo a conseguir um trabalho de prestígio, então, não estamos falando em interesse.

Apesar de os sentimentos e o valor estarem correlacionados (SCHIEFELE, 1999), costuma-se diferenciá-los porque alguns interesses individuais são baseados em necessidades básicas, enquanto outros interesses são mais relacionados ao significado pessoal atribuído (ECCLES et al., 1998b; WIGFIELD & ECCLES, 1992).

O processo de aprendizagem depende de que o sujeito

a) queira saber;

b) saiba pensar produtivamente;

c) mobilizar e utilizar seu conhecimento prévio.

Além desses aspectos pessoais encontram-se os contextuais que se referem ao espaço onde as aprendizagens são propostas, cuja organização é controlável, em grande parte, pelo professor.

Essas condições são interdependentes e multifacetadas. Por um lado, para o sujeito aprender na escola é preciso considerar o conjunto das propostas de atividade como situações de aprendizagem e se envolver nelas com o objetivo de aprender. Se assim não for, podem-se objetivar outras coisas como: tirar boas notas, agradar ao professor, passar de ano. Quando o envolvimento não é voltado para o objetivo de aprender, a atenção, a energia e o pensamento estarão canalizados para outras metas e não obrigatoriamente existirá interesse para aprender.

Além disso, para que o sujeito que se interesse por aprender e invista o esforço necessário para isso, é necessário que ele se perceba capaz de alcançar a meta a qual se propõe.

A fim de sintetizar as teorias apresentadas, foi elaborado o quadro a seguir.

Quadro-síntese das teorias motivacionais

Teoria Motivacional	Foco	Alguns autores
Metas	Metas de aprendizagem x metas de execução.	Dweck Elliot
Êxito	Aproximação x evitação da tarefa. Sentimentos de orgulho x vergonha.	McClelland Atkinson Clarck Lowell
Expectativa/valor	Aproximação x evitação da tarefa. Sentimentos de orgulho x vergonha. Desejo ou não de aprender. Articulada com a motivação intrínseca. Busca a compreensão dos porquês do comportamento.	Eccles Wigfield
Autoeficácia	Perceber-se capaz de aprender e de realizar as tarefas.	Bandura
Autovalorização	Êxitos evidentes x outros. Esforço = "faca de dois gumes"	Beery
Autodeterminação	Alcançar e manter sensação de bem-estar. Sujeito tem necessidades básicas de competência.	Deci Ryan Cameron Pierce
Desamparo aprendido	Estado de perda de esperança e controle de suas capacidades. Percepção de fracasso como algo inevitável	Seligman Smiley Dweck
Sociocognitivas	Metas desafiantes e possíveis incrementam a percepção de capacidades pessoais e a autorregulação da aprendizagem	Schunk Zimmerman Ertrner
Extrínseca, intrínseca, internalizada	Motivos para aprender externos ao conhecimento. Metas internas de desenvolvimento pessoa.	White Tapia Novak Gowin Deci Ryan Connell Grolnick
Interesse	Atenção focada nas ações voltadas para aprendizagem.	Alexander Hidi Harackiewicz Schiefele

Explicitadas algumas das teorias motivacionais articuladas com a motivação para o ensino e a aprendizagem, a seguir sistematizar os pressupostos no sentido de compreender de que modo elas podem contribuir para os processos de ensino e de aprendizagem.

2

Motivação na prática docente

Ao investigar o comportamento de diferentes sujeitos envolvidos nos processos de ensino e de aprendizagem, em diferentes níveis de escolaridade, foi possível perceber que ali estão por diferentes metas e/ou motivos: obrigatoriedade, busca de qualificação profissional, necessidade entre outros (ALONSO TAPIA, 2005). Estão motivados, portanto, por diferentes valores e objetivos, impulsionados por metas imediatas ou de longo prazo. Nesse sentido, discorrer sobre motivos implica em considerar a energia que mobiliza o sujeito para o alcance de determinadas metas. *"Os motivos dinamizam a personalidade, enquanto que a motivação é o processo através do qual os motivos surgem, se desenvolvem e mobilizam comportamentos"* (LA ROSA, 2001, p. 170).

Alguns fatores que contribuem para a motivação adequada para a aprendizagem são possíveis de serem controlados pelo professor. Que fatores seriam estes, e como considerá-los no planejamento da prática docente? Os professores questionam-se: o que posso fazer para ensinar/aprender com todos meus alunos? Ao fazer-se esta pergunta, o professor está reconhecendo a influência da sua prática e do contexto que organiza para qualificar a motivação para aprendizagem. "Um detalhe pode comprometer tudo ou salvar tudo" (MEIRIEU, 2006, p. 134).

Isso porque os alunos não ficam ou deixam de ficar motivados abstratamente: "hoje me acordei muito motivado!" Não é uma frase comum de ouvir ou de dizer. A motivação para aprendizagem precisa ser construída e sustentada na ação docente. A maneira como o professor planeja as aulas, as desenvolve, refletindo antes, durante e depois da ação, observando o imprevisto, o inusitado, pode contribuir para a criação (ou não) de um clima motivacional propício para a aprendizagem.

Consequentemente, se queremos motivar os alunos, precisamos saber de que maneira nossos padrões de atuação podem contribuir para a criação de ambientes favoráveis para a aprendizagem. "[...] o professor não é apenas um idealizador, mas é também um mestre de obra... deve ser capaz de observar o que se passa e discernir os acontecimentos importantes, aqueles que põem em questão seus objetivos de aprendizagem" (MEIRIEU, 2006, p. 137).

Os alunos chegam à sala de aula, geralmente, sem "estar disponível para os objetos de saber que o professor apresentará" (MEIRIEU, 2006, p. 180). Desse modo, as aulas tornam-se muitas vezes focos de conflito, nas quais a oposição dos discursos pode comprometer possibilidades de trabalho, oportunizando que as relações se estabeleçam em torno de um trabalho comum. "Porque é isso que está em jogo: a sala de aula é um lugar onde as relações entre as pessoas devem ser construídas a partir de objetivos de aprendizagem e não de afinidades ou de antipatias recíprocas" (MEIRIEU, 2006, p. 180).

Os professores contribuem e têm controle de suas ações para a criação de contextos de ensino e de aprendizagem mais ou menos motivadores. Podem fazê-lo através:

a) do modo de apresentar as intenções e objetivos de seus componentes curriculares;

b) explicitando para que servem e no que podem contribuir na vida dos alunos;

c) do modo como organizam as aulas e as propostas de atividades;

d) do modo como interagem com os alunos;

e) da explicitação dos critérios de avaliação.

Apesar dessa possibilidade de controle das pautas de ações docentes, os professores precisam também considerar que "sempre há um limite para toda previsibilidade no campo da vida social" (MORIN, 2005, p. 42).

Neste sentido, o professor necessita refletir criticamente, à luz do referencial teórico e da observação da sua prática e das interações que desencadeia, sobre quais pautas de atuação podem contribuir positivamente para construir o interesse e o esforço para aprender. Para esta reflexão, é necessário ter clareza de quais são os fatores pessoais e contextuais com potencial determinante para envolver e comprometer produtivamente os aprendizes nos processos de ensino e de aprendizagem. Para tal é preciso dispor de uma competência dupla, a "vigilância informada e a mobilização dos saberes de ação extraídos de sua formação e de sua experiência" (MEIRIEU, 2006, p. 137).

Conforme já comentamos, para que o sujeito se envolva produtivamente nos processos de ensino e de aprendizagem, é necessário despertar a intenção de aprender, fazer com que ele perceba a necessidade e o significado do conhecimento, e que essa intenção seja mais forte que outras. Para tal é necessário planejar e desenvolver estratégias de atuação. Essas estratégias precisam considerar que a intenção de aprender não é estática, ela é dependente da continuidade das interações que dela se originar.

No planejamento das ações é preciso pensar também nas condições para desencadear e manter o interesse, o investimento ou não de energias que estão relacionadas com a percepção (ou não) por parte do aluno de que está progredindo e, principalmente, aprendendo, pois, se isso for percebido, contribui para que sinta que o esforço vale a pena (ALONSO TAPIA, 2005).

Neste sentido, considerando as especificidades e subjetividades dos sujeitos, bem como dos contextos, alguns fatores inerentes aos espaços educacionais têm sido investigados e sinalizados como condição necessária para que os aprendizes desejem aprender e se envolvam com os processos. Este conhecimento cientificamente construído sobre tais condições pode ser consultado mais detalhadamente em Alonso Tapia (1999, 2005); Assor, Kaplan e Roth (2002); Keller (1983), dentre outros.

Ao definir os objetivos de aprendizagem, apresentar informações, propor tarefas, responder questionamentos, avaliar, mediar, os professores criam climas que afetam a motivação, o ensino e a aprendizagem. Neste sentido, é preciso saber de que modo específico essas ações docentes podem contribuir no envolvimento dos alunos, no interesse, na curiosidade, na motivação para aprender, no ingresso, na permanência e na construção de conhecimento.

Descrevo a seguir as intervenções didáticas, os comportamentos manifestos ou não, sugestões de modos de atuar que geralmente fazem parte da prática docente, muitas vezes desacompanhados de reflexão crítica sobre eles, que compõem a relação dos fatores pessoais e contextuais que podem contribuir para a motivação e para a construção do clima propício para o ensino e a aprendizagem. O clima da sala de aula é composto pela configuração dinâmica das variáveis do contexto criado pelo professor que, ao interagir com as características pessoais dos alunos, influi na motivação para aprender.

2.1 A explicitação do acolhimento incondicional dos alunos

> Se trago as mãos distantes do meu peito
> É que há distância entre intenção e gesto[1].

Como há distância entre intenção e gesto, é preciso considerar a necessidade de desenvolver estratégias para explicitar que todos os alunos são bem-vindos e que todos estão naquele espaço para aprender e contribuir para a construção de conhecimento. A percepção, por parte dos alunos, de que são escutados, valorizados pelo professor e que este está preocupado com a aprendizagem de todos.

Também importa que, ao longo dos processos, o docente assinale seus êxitos, não apenas os erros, e que não tenha favoritismos (ALONSO TAPIA, 1992, 1997). Em resumo, a partir das sensações/percepções de acolhimento, de valorização pessoal, de crença/convicção do professor de que todos podem aprender, os aprendizes tendem a se envolver mais.

Para enfatizar a importância deste fato, trago a seguir uma notícia publicada no informativo do Inep (2004), com dados empíricos:

....

1. *Fado tropical*, de Chico Buarque e Rui Guerra (1972-1973).

A rejeição que alguns estudantes sofrem na sala de aula, seja por parte dos colegas ou dos professores, tem impacto no desempenho escolar, principalmente entre as crianças da 4ª série do Ensino Fundamental. De acordo com o Sistema Nacional de Avaliação da Educação Básica (Saeb), de 2003, entre o conjunto dos alunos que dizem sempre se sentir "deixados de lado" na sala de aula, a média foi de 145,3 na prova de Língua Portuguesa, enquanto as pontuações dos que declaram nunca terem sido rejeitados na turma chegou a 178,5, ou seja, 33,2 pontos a mais. Dos alunos da 4ª série, 13% afirmam se sentir "deixados de lado" na sua turma. Para 34%, essa situação ocorre de vez em quando e, segundo 52%, não há rejeição; 1% não respondeu[2].

Nesse sentido, se o professor não acreditar que os alunos podem aprender, se não estiver convencido de que pode ensiná-los, não terá o interesse, o envolvimento, o empenho necessário para identificar o que sabem e, a partir daí, planejar as intervenções que podem ajudá-los a avançar em suas aprendizagens. Não há prejuízo maior para os alunos do que professores descrentes de seus limites e possibilidades (WEISZ, 2000).

Os alunos sentem quando não acreditamos que podem superar suas dificuldades, mesmo que digamos o contrário. Este é um território em que não é o discurso que comanda, mas a crença que orienta os professores e essa se reflete em ações e falas. "As palavras nos conceituam: dizem o que queremos e o que não queremos dizer" (FREIRE, 1996).

No entanto, o professor não deve renunciar a sua autoridade e nem fazer que sua aceitação seja um pré-requisito para o aluno. "Trata-se de mostrar, à medida que a atividade se desenvolve, que a autoridade do professor é garantia" (MEIRIEU, 2006, p. 181). A palavra do professor precisa ser percebida como

---

2. Informativo *Inep*, ano 2, n. 51, ago./2004. Por ser datado de 2004 ainda utiliza a nomenclatura antiga, antes do estabelecimento do Ensino Fundamental de nove anos.

expressão que se coloca a todos em razão das necessidades do objetivo de aprender.

Conforme já abordado anteriormente, aprender é inerente ao ser humano, e todos podem aprender, desde que as pautas de ação docente estejam embasadas em conhecimentos cientificamente construídos sobre como se ensina e como se aprende, sobre as articulações da motivação com a aprendizagem e com a clareza da orientação paradigmática que subjaz a sua prática, buscando a coerência entre elas nas interações promovidas em sala de aula.

Interações: professor-alunos; alunos-alunos

Outro fator que contribui para definir a motivação dos alunos e que mais dificultam ou oportunizam a construção do conhecimento é constituído pelo contexto criado pela interação professor-alunos (ALONSO TAPIA, 1997).

Essa interação está constituída, dentre outras, pelas mensagens (verbais e não verbais) dirigidas pelo professor ao longo das tarefas escolares, as percepções que os alunos elaboram dessas mensagens e as intervenções didáticas realizadas pelo docente no sentido de fazer o pensamento dos alunos avançar.

Com relação às mensagens (verbais e não verbais), é importante considerar que elas não adquirem significado a partir do desencadeamento de uma tarefa específica. Fatores inerentes à maneira que o professor entra na sala de aula, à maneira como organiza e planeja as atividades, ao material que confecciona para isso, ao entusiasmo (ou a ausência dele) que tem a ver com a entonação da voz que utiliza para desencadear a tarefa, todas estas são mensagens que os alunos observam e influenciam no modo como vão se envolver (ou não) na atividade proposta. "Nada é menos neutro do que a maneira de movimentar-se na sala de aula, de olhar cada um, de parar ao lado da classe de cada um, de dar a palavra a esse ou aquele, de pedir primeiro o caderno do fulano... Nada é menos neutro e tudo faz sentido. Tudo fala" (MEIRIEU, 2006, p. 134).

Estas mensagens estarão sob controle do professor enquanto ele for consciente da importância delas e refletir sobre com base no conhecimento já construído sobre essas influências. Além disso, se o professor gostar de seu trabalho, acreditar nele, tiver prazer enquanto o desempenha, essas também serão mensagens implicitamente recebidas pelos aprendizes. E o contrário disso também será percebido. O fingimento embota as emoções, ou melhor, não permeia adequadamente num clima de confiança que é necessário para a construção das aprendizagens. Impede até que este clima seja construído.

Importa também, na qualidade dessas interações, as intervenções que o professor realiza ao longo do desenvolvimento da atividade específica, que precisariam ser no sentido de contribuir para a produção de conhecimento, oportunizando relembrarem situações semelhantes ou direcionando o pensamento dos alunos para outros conhecimentos prévios que podem servir para compreender a nova informação.

Além disso, nessas interações é necessário considerar a influência do grupo de alunos. Os sujeitos têm muitas não identidades nas identidades, pois:

> [...] através da multiplicidade sucessiva das idades, cada um, sem perceber, carrega presente em todas as idades todas as idades. A infância e a adolescência não desaparecem na idade adulta, mas são recessivas; a infância reaparece nos jogos; a adolescência, nos amores e nas amizades. [...] Assim, o exemplo bastante evidente das idades ilustra o paradoxo fundamental do indivíduo humano: a não identidade na identidade (MORIN, 2003, p. 85-86).

No caso das interações da sala de aula precisamos considerar a individual e a grupal. As interações entre os alunos encaminham para que cada um reproduza-se "ao infinito, sob pena de passar por traidor, decepcionar os colegas, ou simplesmente não poder mais se comunicar com eles" (MEIRIEU, 2006, p. 169).

Nesse contexto, o professor tem a possibilidade de acompanhar, e algumas vezes conter, as "reações coletivas" para que a sala de aula seja um espaço no qual todos se aventurem, correndo riscos, sem sentirem-se ameaçados. Estratégias para que isso ocorra podem ser desenvolvidas quando a apresentação de hipóteses incompletas por parte dos alunos não forem estigmatizadas e/ou desconsideradas, quando os erros forem percebidos como parte integrante, positiva e necessária do caminho, pois são produções de pensamentos e quando os "fracassos" sejam apresentados como superáveis.

Vejamos a seguir as características dos procedimentos didáticos que contribuem para o clima motivacional propício para o ensino e para a aprendizagem.

2.2 Os tipos de procedimentos didáticos

Ao sentir-se capaz de resolver um problema proposto, quando se percebe como alguém competente, o sujeito experimenta um sentimento motivador. A antecipação desta sensação leva o sujeito a se esforçar para aprender como atuar de modo produtivo para enfrentar um tipo de problema ou como desenvolver a capacidade de solucioná-lo (ATKINSON, 1974; KELLER, 1983; ALONSO TAPIA, 2005).

Se, além disso, o aluno se esforçar no sentido de satisfazer seu próprio interesse e curiosidade, em vez de apenas cumprir uma tarefa porque foi demandada pelo professor, sem perceber seu sentido e seu significado, percebendo que está aprendendo, conseguindo soluções para os problemas propostos, também a qualidade do envolvimento e da motivação para a aprendizagem será mais produtiva (HARTER & CONNELL, 1984; ALONSO TAPIA, 2005).

A possibilidade de que estas características estimulem o esforço e o comprometimento pela aprendizagem depende também do tipo de procedimento proposto e que ele faça com que os alunos assumam como um desafio pessoal.

(Re)aprender a pensar, utilizando conhecimentos previamente construídos como base para a solução de outros diferentes, também é motivador (PRESSLEY, 1992; ALONSO TAPIA,

1991, 1995). Se a intervenção do professor for construtiva, construtiva será a aprendizagem dos alunos (ABRAHÃO et al., 2004).

Investigações realizadas em relação à (re)construção de habilidades cognitivas básicas, como observar, comparar, e com o incremento de capacidades diversas, como raciocinar, resolver problemas, compreender informações, relembrar informações (FEUERSTEIN, 1990; ALONSO TAPIA, 1991, 2005), explicitaram que a efetividade com que aprendemos a pensar e, como consequência, a experiência de competência e de avanço, além da motivação por aprender que tal vivência gera, dependem de pelo menos dois fatores principais:

a) dos procedimentos e das estratégias que são sugeridos no contexto;

b) das intervenções dos professores irem ao encontro das hipóteses já construídas pelos aprendizes.

Os sujeitos não desenvolvem a mesma atitude mental para todas as propostas planejadas para a aula. Atitude mental é a maneira como os aprendizes se envolvem com a proposta percebendo-as inicialmente como "objetos de trabalho" antes de "objetos de saber". Cada atitude mental difere de acordo com o objeto para o qual se dedica. Ela não é a mesma para uma poesia ou para um problema matemático.

A proposta de uma atividade pode variar de acordo com algumas características inerentes a elas, que encaminham diferentes repercussões na motivação adequada para aprender. As características referem-se, por exemplo, ao desenho da tarefa proposta em relação ao grau de autonomia que permite a qualidade das interações demandadas e os conhecimentos prévios já construídos pelos aprendizes.

As pesquisas evidenciaram também que procedimentos de dificuldade intermediária, "na intersecção entre o difícil e o possível" (WEISZ, 2000, p. 67): nem muito fáceis (porque poderiam causar desânimo e aborrecimento nos alunos), nem muito difíceis (porque poderiam ser abandonadas, fazendo com que se sentissem incapazes de realizá-las), são considerados adequados para a motivação para aprender.

Nesse sentido, o professor necessita planejar suas estratégias considerando sempre o que os alunos precisam aprender e compreender. A partir dessa premissa, ele pode trabalhar com um par essencial que contribui para estruturar a atitude mental dos alunos: "encontrar e procurar: o que o aluno tem de encontrar e como pode procurar" (MEIRIEU, 2006, p. 175).

Outras evidências positivas referem-se que o procedimento: desperte a curiosidade e o interesse, que estimule os alunos a estabelecerem critérios pessoais de progresso, avaliando os avanços construídos (ALONSO TAPIA, 2005), percebendo que suas hipóteses estão ficando mais elaboradas, e seu repertório de conhecimentos mais qualificado.

Despertar a curiosidade

O fato de prestar atenção a um objeto ou problema, buscar informações sobre ele, evidencia que o mesmo despertou curiosidade. Está comprovado (ALONSO TAPIA, 2005, p. 96) que, quando as características de um problema despertam a curiosidade, o sujeito vai lhe dedicar tempo e atenção, o que contribui positivamente para que a aprendizagem se concretize.

Conseguir se colocar no lugar do outro, no caso do aluno, empaticamente, e propor atividades que rompam com seu conhecimento e ideias prévias, podem ser estratégias eficientes para despertar a curiosidade e a consciência do problema proposto. Outra estratégia a ser pensada se refere ao modo de iniciar as aulas.

Se as aulas são iniciadas sempre do mesmo modo, isso pode contribuir para desmotivar os alunos, pois, diante de estímulos iguais, as pessoas acostumam-se a eles, e tudo se passa como se não existissem – nem o estímulo nem o sujeito (GAIARSA, 2006).

As instituições escolares possuem elementos contextuais que caracterizam os espaços, tais como: os horários que são estabelecidos e cumpridos (início da aula, intervalo, saída); algumas atividades sistematizadas e esperadas pelos alunos: a chamada significativa, utilizada como forma de explicitar a importância da presença de todos, não apenas de forma burocrática; o desenvolvimento de atividades cognitivas planejadas para a construção das aprendizagens desejadas.

Para que os alunos escutem as atividades e fiquem com desejo de realizá-las é preciso que o professor organize as condições para isso. Assim, é necessário mobilizar a curiosidade dos alunos no início da aula.

Morin (1999, p. 70) salienta a ideia de Hegel que afirmou que "o que é bem conhecido, justamente por ser conhecido, não é conhecido". Porém, se todos os dias o professor inventar uma maneira diferente de fazê-lo, poderá caracterizar um início de aula catalisador de curiosidade.

O fato de os alunos perceberem que possuem conhecimentos diferentes e utilizarem esquemas de pensamento distintos para criarem a consciência e solucionar os problemas propostos pelo professor, e que lhes é permitido, incentivado principalmente, resolver os problemas e não receber as soluções prontas, é fonte de produção de pensamento, mobilizador de curiosidade que pode ser mantida enquanto o professor for realizando intervenções no sentido de oportunizar que os alunos pensem, utilizem conhecimento prévio, proponham soluções, não tenham medo de errar, e que não sejam fornecidas respostas prontas, sem sentido e sem significado para os aprendizes (ALONSO TAPIA, 2005).

Despertar a curiosidade e criar a consciência do problema proposto são necessários para encaminhar o significado das aprendizagens, mas não suficientes para que os alunos se interessem e se esforcem por aprender. Para isso, é preciso considerar outros fatores com potencial determinante.

A ativação e manutenção do interesse

É comum que os alunos realizem as tarefas que lhes são solicitadas sem questionamentos. O fato de que aceitem a situação como está não significa que suas metas sejam aprender, compreender. Geralmente significa que construíram a aprendizagem de que, se não executam o que o professor está solicitando, vão se deparar com consequências desagradáveis. Porém, se no início de uma aula e/ou atividade, o professor considerar, em seu planejamento, estratégias para despertar a curiosidade dos alunos, criando a consciência do problema proposto, as probabilidades de chamar a atenção dos alunos são maiores (ALONSO TAPIA, 2005). "Quando há interesse, o esforço parece natural: não se torce o nariz para o trabalho, não há necessidade de estar sempre se comparando aos outros para avançar. O interesse substitui eficazmente a rivalidade como motor de aprendizagens" (MEIRIEU, 2006, p. 81).

O professor pode contribuir para estas condições, explicitando seus objetivos concretos, bem como organizando o tempo para sua realização. Para manter o interesse é preciso que aconteça a compreensão do que está sendo solicitado, que, por sua vez, está articulada com a conexão entre o que os alunos sabem e o que o professor está propondo.

Se após escutar a proposta alguém não entender o que está sendo solicitado, pode ser que pergunte, mas pode ser que não, e, se perguntar, pode não compreender a resposta e passar, então, a orientar sua atenção para outra coisa. Por isso, é necessário que se estabeleça a conexão entre o que os alunos sabem, a proposta da aula e o professor pesquisador da prática, atento às interações que se desenvolvem. Utilizar o que sabem não significa simplesmente usar o conhecimento construído, mas ousar, arriscar, propor. Os aprendizes precisam testar suas hipóteses e enfrentar contradições, seja entre suas hipóteses, seja entre as suas e as dos colegas, ou com o considerado "correto".

Sendo assim, é possível que haja necessidade de questionamentos. Nesse caso, é preciso que o clima motivacional que inclui a confiança estabelecida na sala de aula seja tal que, além de corporificar as palavras pelo exemplo, ou seja, que os sujeitos envolvidos no grupo, alunos e professor, demonstrem tanto que estão interessados, preocupados, envolvidos em construir as aprendizagens, como que se sintam à vontade para expressar dúvidas. Esse sentimento de "autorização" para questionamentos, falas, também é construído sistematicamente através da explicitação disso ao longo dos encontros e do incentivo, da priorização do diálogo e da interação entre os sujeitos.

A percepção de avanços na aprendizagem facilita o interesse e o esforço para continuar aprendendo

A experiência de vivenciar a sensação de estar avançando, aprendendo, favorece a autoimagem do aluno, fortalece suas expectativas positivas, estimula o interesse e o esforço para aprender (BANDURA 1986; MISCHEL; CANTOR & FELDMAN, 1996). Para alcançar isso, mais do que promover situações em que os aprendizes recordem aprendizagens, é importante observar quais são as estratégias e condições de aprendizagem que oportunizam essa experiência.

Por outro lado, é importante destacar também que, comprometendo-se em propor aos alunos situações mais estimulantes para que eles se mobilizem em suas aprendizagens, os professores têm necessidade de verificar de alguma maneira que seus esforços têm êxitos. Pois,

> Nenhum devotamento educativo pode impor a menor dívida àqueles a quem se dirige. Mas se o educador não espera nada de direito, nem por isso ele não necessita que, de um momento para o outro, apareça um sinal... Sem esse sinal, pode-se esperar o pior: a autocomiseração, o sentimento de sacrifício inútil e, no fim da jornada, o desalento e o rancor (MEIRIEU, 2006, p.143).

Nesse sentido, percebe-se a importância dos sujeitos perceberem-se aprendendo e ensinando.

Algumas estratégias de ensino listadas por Alonso Tapia (2005) merecem ser descritas aqui. Uma delas é explicar e visualizar os conceitos e procedimentos que os alunos podem alcançar aprender com a atividade. Para tal é necessária uma "boa explicação". Que características tem uma "boa explicação"?

A compreensão de uma nova informação depende que o aluno seja capaz de articulá-la, estabelecendo relações com o que já sabe. Diante desse fato, a questão é que estratégias podem utilizar-se durante uma explicação para contribuir com a sua compreensão e consequentemente com isso oportunizar ao aluno a percepção de estar aprendendo, mantendo seu interesse e esforço para continuar aprendendo?

Nesse caso, a explicação deve dar ênfase à construção da representação do problema. Para tal, a explicação deve ser "participante", ou seja, tanto para que os professores possam ir percebendo se estão sendo compreendidos, como para que os alunos possam ir questionando, passo a passo. Pois o trabalho em sala de aula é realizado sobre objetos. Um objeto passa a ser objeto de saber à medida que resiste à autoridade absoluta do imaginário, constituindo-se como realidade externa aos sujeitos e sobre o qual conseguem expressar-se, argumentar e conversar sobre ele (MEIRIEU, 2006).

De acordo com Alonso Tapia (2005) um dos motivos das lacunas na compreensão de quem nos escuta é que geralmente as explicações são muito abstratas, o que dificulta que os alunos representem mentalmente o que de fato se deseja. Parece, então, necessário que o professor utilize algum tipo de imagem ou exemplo que facilite a compreensão e a integração da nova informação com o conhecimento prévio dos sujeitos.

Meirieu (2006) afirma que a imprecisão dos enunciados é uma das principais causas das dificuldades de compreensão dos alunos. Para o professor, que conhece o tema sobre o qual pretende que os alunos trabalhem e sabe os objetivos que tem com ele, os enunciados parecem suficientemente claros. O aluno, por sua vez, "está do outro lado do saber, não sabe para onde querem levá-lo e procura reduzir o desconhecido ao conhecido" (MEIRIEU, 2006, p. 185). Para alcançar isso a escolha das palavras e a sua ordem são condicionantes. É comum acontecer de o aluno se deter em uma expressão conhecida e não "ouvir" o essencial. Muitas palavras utilizadas no enunciado remetem a uma representação prévia dos alunos que podem não ser as que o professor pretende. De maneira mais geral, os enunciados são geralmente parciais e não especificam os objetivos (para que), o tempo dado (quando), os recursos (como) que podem ser utilizados, os critérios avaliativos e a atitude mental requerida.

Pode-se tentar prevenir que os alunos não compreendam as propostas adotando, sistematicamente para todos os trabalhos solicitados, um enunciado padronizado contendo, por exemplo, as seguintes questões:

1) O(s) objetivo(s) da tarefa – descrevendo aqui quais as aprendizagens pretendidas e qual o produto da tarefa.

2) Qual a tarefa (passo a passo) e quais são os critérios para determinar se ela teve êxito.

3) Se a tarefa for dividida em partes, enumerá-las, acatando sugestões.

4) Quais os diferentes modos de escolha possíveis para o desenvolvimento da tarefa (individual, em grupos, de quantos elementos, será realizada em sala de aula etc.).

5) Quanto tempo terão para realizar a tarefa.

6) Como vão socializar as aprendizagens.

Essas são algumas atitudes que podem ser planejadas e desenvolvidas e que poderão contribuir para que os alunos percebam que são capazes de realizar as tarefas e que estão aprendendo com elas. Outra estratégia importante é planejar atividades em que os alunos consigam mobilizar o conhecimento prévio que pode contribuir para a nova proposta.

A ativação do conhecimento prévio

[...] "Aprender é fazer alguma coisa que não se sabe fazer fazendo" (MEIRIEU, 2006, p. 90). O aluno precisa refazer um caminho que ainda não fez, sem nenhuma garantia que chegará no final. A aprendizagem requer uma disjunção com conhecimentos anteriores que só pode se realizar com uma base de apoio que permita estabelecer relações. "É assim que se aprende o que se ignora, mas sempre a partir do que já se sabe" (p. 90).

A ativação do conhecimento prévio não se refere apenas a que o professor pergunte o que os alunos sabem sobre determinado conteúdo que deseja trabalhar. Também, mas não só. Já assisti muitas aulas em que os professores perguntavam: *"o que sabem sobre ecologia?"*, por exemplo. Os alunos traziam várias informações, o professor escutava com aparente interesse, e, depois de todos que desejassem falar o tivessem feito, dizia: *"muito bem! Agora eu vou falar"*, e começava a aula discorrendo sobre o que era o termo "ecologia", sua raiz semântica, suas implicações, caracterizando o que Vasconcellos (1994) aponta como aula transmissiva disfarçada, camuflada.

Ativar os conhecimentos prévios é oportunizar que expressem e articulem o pensamento com o "novo" conhecimento que o professor está propondo construir. Pode não ser de maneira direta, como: *"o que sabem sobre tal?"*, mas sim trazendo diferentes tipos de portadores de texto, por exemplo, e perguntando se conhecem, se sabem para que servem cada um deles. Ao proceder assim, solicitando que pensem, comparem, distingam, selecionem, estará, provavelmente, oportunizando a mobilização do conhecimento prévio, bem como a construção de novos e/ou diferentes.

Quando o professor introduz uma "nova" informação, a compreensão desta depende de que os alunos sejam capazes de relacioná-la e integrá-la com o que já construiu, já aprendeu, já conhece. A coerência não é uma qualidade do próprio discurso do professor, mas uma característica da representação que o sujeito construiu e que possibilita a integração de informações que já sabe com a "nova" (SANCHEZ et al., 1994). Quais seriam, então, as estratégias que o professor pode utilizar ao sugerir algum problema para contribuir para a mobilização dos conhecimentos prévios dos aprendizes, encaminhando para a percepção de estarem construindo relações e, portanto, aprendendo, reelaborando mais complexamente suas hipóteses? Parece que é preciso, para isso, considerar não apenas a proposta da atividade, mas também a construção da representação, ou seja, fornecer um caminho, uma possibilidade de estabelecer relações com o conhecido, o conhecimento já construído.

Aproveito este espaço para falar de um tema sobre o qual tenho percebido que ocorre uma compreensão inadequada. Refiro-me a um pressuposto construtivista da aprendizagem que afirma que é preciso partir da realidade do aluno para desencadear o processo de construção de aprendizagem de um determinado conteúdo. Existem evidências, selecionadas por relatos orais de professores e professoras, que compreendem que esta realidade da qual precisam partir é a realidade social que estes sujeitos vivenciam. Suas condições de vida, suas relações familiares (geralmente conturbadas), enfim, suas condições de vida. Não é esta realidade que interessa para o professor alfabetizador, nem de jovens e adultos e nem das crianças.

A realidade, a que os pressupostos construtivistas de aprendizagem se referem, é o conhecimento prévio dos alunos. De onde parte este sujeito com relação à aprendizagem que desejamos construir? Que conhecimentos, que hipóteses já elaborou sobre ele? É esta a realidade do aluno que importa para o professor: os conhecimentos prévios, as hipóteses já formuladas, o esquema de pensamento.

Neste contexto, a ativação do conhecimento prévio é considerada fator com potencial determinante para a construção do clima motivacional propício para a aprendizagem. É coerente com a concepção complexa de aprender e ensinar, que percebe aprender como criar possibilidades de estabelecer relações entre o conhecimento construído e as novas informações, o confronto com a realidade.

Mostrar para o que pode ser útil o problema proposto: atribuir significado à aprendizagem

Planejar estratégias para que os alunos percebam a relevância e/ou a utilidade do que pretende que aprendam, relacionando o conteúdo com a realidade deles, tem se mostrado muito eficiente para motivar os sujeitos para aprender (ALONSO TAPIA, 2005).

Conseguir que os alunos saibam a utilidade de algo não é complicado, pode-se fazê-lo explicitando para que serve. Complica quando se percebe que é necessário que os alunos valorizem e percebam o conhecimento como útil especificamente para eles.

Isso demanda criar situações em que os alunos compreendam que ter ou não ter a informação modifica sua vida em algum sentido prático.

Um exemplo prático disso aconteceu em uma aula quando uma aluna relatou que sua mãe, ao fritar um bife, percebeu que a frigideira estava pegando fogo. Com o susto, a mãe colocou a frigideira embaixo da água corrente, o que fez com que o fogo subisse e queimasse todos os armários da cozinha. O que deu errado? Não se apaga fogo com água? Como se deve proceder em uma situação assim? O que se deve fazer com o fogo para que não incendeie a cozinha? Por que aconteceu isso com a mãe da colega?

Esse é um relato de uma situação que pode acontecer com muitas pessoas e que pode ser utilizada para desencadear a intenção de aprender, a consciência de um problema e a percepção da utilidade desse conhecimento. No entanto, uma dificuldade em que alguns professores têm é a de encontrar problemas ou exemplos de situações para mostrar a utilidade de todo tema a ensinar. Pode ser que isso ocorra porque geralmente os professores se questionam: que exemplo ou situação poderia servir-me para ajudar a interessar meus alunos a aprender tal conteúdo? Esse questionamento, muito amplo, geralmente deixa-os com os pensamentos andando em círculos, ficam bloqueados, sem achar respostas.

Uma possibilidade de resolver esse impasse seria questionar-se de outra forma. Desdobrando a pergunta, como a seguir:

1) Que aprendizagens pretendo que meus alunos construam com isso que estou propondo?

2) Para que pode ser significativamente útil o que pretendo que aprendam?

3) Que articulação tem esta atividade com a vida em geral e o processo que este grupo está vivenciando?

4) Que estratégias posso utilizar para mobilizar a curiosidade, o interesse, o envolvimento dos alunos?

Responder a última pergunta, que inclui definir a atividade ou intervenção didática que poderá ser a desencadeadora da aprendizagem que se quer construir, será mais fácil de responder adequadamente após os outros três questionamentos.

Nesse sentido, explicitar praticamente para o que pode ser útil o problema ou atividade proposta para que os alunos consigam atribuir significado à construção do conhecimento, é estratégia importante para a adequada motivação para aprender.

No entanto, é importante destacar que, se não planejarem adequadamente as estratégias observando quais repercussões causam nos alunos, os professores podem encaminhá-los para metas diferentes das desejadas, que contribuem para que concentrem suas energias não na aprendizagem, mas no cumprimento da tarefa e nas consequências externas às mesmas, como boas notas, por exemplo. Por isso, é necessário planejar muito bem cada detalhe, modificando, se necessário for, a percepção dos alunos em relação às tarefas que visam apenas notas ou outros objetivos externos às aprendizagens.

O significado dado à construção do conhecimento é também um fator que pode condicionar a intenção com que os aprendizes vão se envolver com ela (ALONSO TAPIA, 1997). Explicitar a relevância do problema proposto, cuidando para que este vá ao encontro dos objetivos valorizados pelos aprendizes, costuma ser positivamente motivador para a maioria dos alunos de diferentes contextos escolares (ALONSO TAPIA, 2005).

Os aprendizes, geralmente, ao se deparar com uma tarefa, elaboram implícita ou explicitamente questões: *"para que isso pode servir? O que pode me acrescentar?"* Esses questionamentos sinalizam para uma busca de significado, para o que é preciso fazer e o porquê, e dependendo das respostas essas vão condicionar as ações do sujeito e a qualidade do seu envolvimento, do seu esforço e da persistência na atividade. "Significar um objeto de conhecimento implica provocar, desafiar, estimular a estabelecer uma relação pertinente com o objeto, que corresponda, em algum nível, à satisfação de uma necessidade, mesmo que essa necessidade não estivesse tão consciente de início" (VASCON-

CELLOS, 1994, p. 52). Para isso, pode-se utilizar a estratégia de propor uma atividade como um desafio orientado ao desenvolvimento de capacidades pessoais.

Propor atividades que sejam um desafio orientado ao desenvolvimento de competências e habilidades pessoais

Já comentei em relação à motivação adequada para aprendizagem que, quando vivenciamos situações em que percebemos que somos capazes e eficientes para resolver os problemas demandados, sentimo-nos bem. E que a antecipação de situações como essa nos encaminha a mobilizar esforços para continuar aprendendo a agir de modo eficiente para enfrentar outros problemas ou como desenvolver capacidades para solucioná-los. Assim, mais qualificados serão os esforços quanto maior for a sensação de que a dificuldade da tarefa está dentro de nossas capacidades em resolvê-las.

O esforço para aprender será recompensado também se o aluno trabalhar espontaneamente, atendendo seu interesse e curiosidade em vez de obrigado pelo professor ou por uma tarefa que considerar desinteressante. O mesmo acontecendo se o aluno perceber sua própria satisfação dentro de seus critérios de êxito e fracasso em vez do atendimento de critérios externos. Essas sensações podem ser alcançadas se o professor conseguir fazer com que os alunos assumam a tarefa como um desafio pessoal.

De fato, a aprendizagem de competências e habilidades é complexa e demanda tempo e esforço. O professor pode estabelecer um guia, um passo a passo, favorecendo a retroalimentação do processo, para que percebam que vão superando os obstáculos, e assim procedendo atendendo o critério em relação à dificuldade das tarefas (nem tão fáceis que se desinteressem e nem tão difíceis que desistam dela), oferecendo desafios parciais para alcançar o objetivo maior que é a aprendizagem de como resolver os problemas propostos pela realidade.

Outra estratégia é oportunizar que os alunos escolham entre atividades ou tarefas similares em qual delas desejam investir esforços. Além disso, o professor precisa explicitar que o objetivo não é que façam bem-feita a tarefa na primeira vez, mas sim que aprendam estratégias de solucionar os problemas e aperfeiçoá-las.

A autonomia/dependência para aprendizagem

> É preciso estar atento a um alerta salutar: nenhuma aprendizagem se constrói no vazio. A possibilidade de falar supõe obediência às regras da linguagem que preexistem ao sujeito que fala (MEIRIEU, 2006, p.151).

Uma das experiências que contribuem para o interesse e o esforço para aprender é a sensação de fazer o que se deseja ou se escolhe, com autonomia e não por obrigação. Essa experiência, para ser produtiva, demanda também que os alunos percebam-se capazes de alcançar suas metas e, principalmente, de aprender. O conhecimento tem que ser tal que o sujeito se transforme e, com isso, seja capaz de transformar a realidade. Esta é a educação que interessa: formar novos mestres e não eternos discípulos [...]" (VASCONCELLOS, 1994, p. 34).

No entanto, é preciso considerar que o ser humano é autônomo/dependente, pois os seres humanos gastam energia para manter sua autonomia. "Como têm necessidade de retirar energia, informação e organização do seu meio ambiente, sua autonomia é inseparável dessa dependência (MORIN, 2000, p. 95). Por isso, nesse contexto uso a expressão autonomia/dependência, pois embora sugerindo que os professores possam criar situações em que os alunos escolham o que e como trabalhar, essa é uma autonomia dependente também do contexto organizado pelo professor.

Nesse sentido, o planejamento pelo professor de atividades em que os alunos poderão escolher entre uma estratégia ou outra, um tema de pesquisa ou outro, podem oportunizar que os aprendizes percebam que estão em busca do atendimento de uma necessidade que é sua, favorecendo a motivação por aprender. "Foi demonstrado empiricamente que a possibilidade de escolher e a experiência de fazê-lo contribui para a percepção de que trabalhamos pelo nosso próprio interesse" (REEVE, 2002, p. 187). Infelizmente não é comum que isso aconteça.

Os professores e os alunos vivenciam muitas situações de ensino e de aprendizagem em que podem ou não ser oferecidas a possibilidade que os alunos escolham como agir. Muitas dessas situações até podem passar despercebidas se não refletirmos sobre elas.

No dia a dia da sala de aula, os professores podem ou não oportunizar que os alunos perguntem quando desejarem fazê-lo, por exemplo. Se oportunizamos que os alunos falem quando desejarem, isso pode encaminhar a percepção de que estão na aula para participar, não apenas para escutar, nem para fazer apenas o que os professores desejam que façam, mas sim para fazer algo que lhe interessam pessoalmente e que os professores estão ali para ajudá-los.

Pode parecer que estou falando "obviedades", pois a maioria dos professores pensa que oportuniza que os alunos falem quando desejarem. Mas será que o fazem de modo adequado? Para que um aluno se sinta livre para perguntar quando e como desejar não é suficiente que formalmente informemos que isso pode ser feito (ALONSO TAPIA, 2005; MEIRIEU, 2006). O modo como os alunos antecipam as situações em que questionam os professores, as reações que tiveram que suportar em outras situações similares, podem impedir que ele questione quando sentir necessidade.

Os professores precisam lembrar disso e de que a sala de aula precisa ser "um espaço livre de ameaças" (MEIRIEU, 2006, p. 168), inclusive as implícitas. "A educação deve ser desinibidora e não restritiva. É necessário darmos oportunidade para que os educandos sejam eles mesmos, caso contrário, domesticamos, o que significa a negação da educação" (FREIRE, 1979, p. 32).

Se as maneiras como o professor reage às perguntas fazem com que o aluno se sinta mal, ele e os outros não se sentirão à vontade para questionar e não o farão. Por isso, é preciso oportunizar que falem e valorizar essas falas, explicitando que dúvidas fazem parte do processo e que o espaço de sala de aula é destinado para questioná-las. Que todos estão ali para aprender e que calar as dúvidas é sonegar contribuição para o processo de aprendizagem de todos, pois as dúvidas encaminham para a produção de pensamentos, por parte dos que as escutam, sobre elas, para a elaboração de argumentos e de estratégias de solução.

Consequentemente, se os professores possibilitam opções de escolha nos procedimentos propostos, estão contribuindo para a mobilização do interesse e do envolvimento na tarefa, bem como para a construção da autonomia dos alunos (ALONSO TAPIA, 2005; ASSOR & KAPLAN, 2001).

Esta forma de atuar é coerente com a concepção de aprendizagem que não tem a convicção de que aprender é ser capaz de repetir e memorizar informações consideradas acabadas em si mesmas, mas com a que percebe a aprendizagem como tradução, reconstrução, interpretação (MORIN, 2000) e que percebe o aprendiz como sujeito ativo, para quem a "verdade" é objeto de exame, não de adesão incondicional, objeto de reflexão autônoma, não de intimidação, com envolvimento do pensamento construtivo e inteligente e não simplesmente respeito a um "estatuto". "O saber não é um "sacramento" que se obteria infalivelmente desde que se recebesse a unção da universidade ou do professor" (MEIRIEU, 2006, p. 182).

Nesse sentido, as teorias motivacionais descritas no livro possibilitam que os professores compreendam que os sujeitos agem mobilizados por diferentes motivos e que a motivação é o processo através do qual estes surgem, se desenvolvem e determinam os comportamentos. As teorias indicam também que, de acordo com a personalidade dos aprendizes, eles são mobilizados por metas, interesse, bem como pela sua percepção de si mesmos como sujeitos capazes ou não de realizar diferentes propostas. Além disso, as características pessoais das pessoas interagem com o contexto, que esse precisa ser organizado pelo professor de acordo com os objetivos de aprendizagem, considerando os fatores com potencial determinante para a motivação adequada para o ensino e a aprendizagem.

O interesse, o esforço e a satisfação de aprender são dependentes/autônomos de pelo menos três características dos alunos: as metas que desejam alcançar e que canalizam suas prioridades na hora de enfrentar as tarefas escolares, suas maneiras de enfrentá-las, que dependem das expectativas de conseguir realizá-las, e o esforço que precisam dispender para atingir suas metas, definido pelo custo que a aprendizagem pode ter. O custo depende das respostas que o sujeito encontra quando precisa esforçar-se em direção a uma meta. Ele pergunta-se implícita ou explicitamente o que vai conseguir, se o que vai realizar lhe interessa, vai lhe proporcionar prazer, vai ser útil.

Assim, o que acontece é que nem todas as metas vão mobilizar envolvimentos, esforços iguais, na mesma proporção. Aprendemos que, mesmo que as metas sejam atraentes, os sujeitos não se esforçam se não perceberem que podem realizá-las e que para que isso aconteça é necessário que o sujeito se perceba aprendendo, avançando. Algumas vezes não é que os aprendizes não aprendem porque não se esforçam e sim, ao contrário, não se esforçam porque quando o fazem não percebem os avanços e nem o seu significado.

Em relação aos professores ocorre o mesmo. Se esses se esforçam para que os alunos aprendam, para criar um clima propício para o ensino e a aprendizagem, apoiados em suas metas embasadas nas concepções teóricas sobre como se ensina e como se aprende e não percebem o resultado do esforço, desanimam. Não encontram prazer em seu trabalho.

Os professores precisam se reconhecer incompletos, perceber que mesmo com muitos anos de prática não sabem tudo e nunca vão saber. Ainda bem que é assim, que sempre podemos aprender mais e melhor. Somos inacabados, precisamos ser humildes e aprender com nossos erros.

Se os docentes perceberem que o sucesso ou o fracasso dos alunos dependem das estratégias que utilizarem para motivá-los adequadamente para aprender, aceitando sua responsabilidade quando a aprendizagem não acontece, sem que isso implique em uma percepção negativa de seu valor, e sim o reconhecimento de sua incompletude, de que essa é sua "situação-limite", que pode e deve ser superada através da formação permanente demandada por todas as profissões no mundo atual, conseguirão contribuir para mudar os índices da aprendizagem. As competências de ensinar, de aprender e de motivar adequadamente para esses processos se aprende e se desenvolve com a observação e a reflexão crítica na e sobre a prática e influência e é influenciada pelo contexto de inserção.

Conclusões inconclusas

A motivação adequada para o ensino e para a aprendizagem é controlável pelo contexto organizado pelo professor. Diferentes professores organizam diferentes contextos que ao serem observados detalham, explicitam diferentes padrões de atuação docente. Essas variações dos padrões definem, dentre outras coisas, contextos de aprendizagem percebidos de modos diferentes pelos alunos.

Os contextos organizados pelos professores tampouco alcançam a motivação adequada para o ensino e para a aprendizagem por si mesmos. Eles dependem também das interações dinâmicas que vão ocorrer entre o contexto e as características pessoais dos sujeitos que nele interatuam e que afetam sua motivação. Assim sendo, as formas de atuação do professor que contribuem para motivar a maioria dos sujeitos, descritas no livro, podem ter resultados diferentes de acordo com o tipo de aluno que estiver atuando no contexto. Por isso, o planejamento docente demanda conhecer o que já foi pensado, teorizado, sistematizado e utilizado em sala de aula para contribuir para motivar adequadamente os sujeitos para o ensino e aprendizagem.

Encerro este livro sem a pretensão de esgotar o tema, desejando contribuir para oportunizar que os professores reflitam sobre os aspectos nele abordados, concordem ou discordem, e que com essa reflexão dependente/autônoma de seus espaços de atuação construam argumentos que justifiquem e que esses qualifiquem suas práticas.

Referências*

ALEXANDER, P.A.; KULIKOWICH, J.M. & JETTON, T.L. "The Role of Subject-Matter Knowledge and Interest in the Processing of Linear and Nonlinear Texts". *Rev. Educ. Research*, 64, 1994, p. 201-252.

ALONSO TAPIA, J. *Motivar en la escuela, motivar en la familia*. Madri: Morata, 2005.

_____. "Estratégias de aprendizagem". In: COLL et al. (orgs). *Desenvolvimento psicológico e educação* – Psicologia da Educação. [s.l.]: [s.e.], 2002.

_____. "Efectos motivacionales de las actividades docentes en función de las motivaciones de los alumnos". In: POZO, J.I. & MONEREO, C. (orgs.). *El aprendizaje estratégico*. Madri: Santillana, 1999, p. 35-57.

_____. *Motivar para el aprendizaje*: teorías y estrategias. Barcelona: Edebe, 1997.

_____. *Orientación educativa*: teoría, evaluación e intervención. Madri: Síntesis, 1995.

_____. *Qué es lo major para motivar a mis alumnos?* – Analisis de lo que los profesores saben, creen y hacen al respecto. Madri: Universidad Autónoma de Madri, 1992.

_____. *Motivar en la adolescencia*: teoría, evaluación e intervención. Madri: Servicio de Publicaciones de la Universidad Autónoma, 1992 [Colección de Bolsillo].

....

* Nem todas as obras aqui listadas foram citadas. Foram incluídas nas referências a título de contribuição para quem desejar se aprofundar outras questões referentes ao tema.

_____. *Motivación y aprendizaje en el aula* – Como enseñar a pensar. Madri: Santillana, 1991.

_____. "Atribuición de la causalidad y motivación de logro – Estudio evolutivo de la utilización de información en la formación de juicios de atribuición". *Estudios de Psicología*, 16, 1983, p. 13-27.

ALONSO TAPIA, J. & ARCE SAEZ, E. "Expectativas de control e motivación – El Cuestionário Eco. In: ALONSO TAPIA, J. (org.). *Motivar en la adolescencia*: teoría, evaluación e intervención. Madri: Universidad Autónoma, 1992, p. 135-175.

_____. "Evaluación de las expectativas de control en sujetos del ciclo superior de EGB – El Cuestionario Eco". In: ALONSO TAPIA, J. (org.). *Entrenamiento cognitivo y enriquecimiento motivacional*. Vol. 3. Madri: Cide, 1986 [Informe final].

ALONSO TAPIA, J. & FITA, E.C. *A motivação em sala de aula*: o que é e como se faz. São Paulo: Loyola, 1999.

ALONSO TAPIA, J.; GARCIA DOTOR, D. & MONTERO, I. "Evaluación de las expectativas de control en sujetos de enseñanza media – Estudio piloto a partir del Cuestionario Lucam". *Revista de Ciencias de la Educación*, 126, 1986, p. 247-268.

ALONSO TAPIA, J. & IRURETA, L. "Enhancing Learning Motivation". *Fourth European Conference for Research on Learning and Instruction*. Turku, Finl. [s.e.], 1991.

ALONSO TAPIA, J. & LÓPEZ, G. "Efectos motivacionales de las actividades docentes en función de las motivaciones de los alumnos". In: POZO, J.I. & MONEREO, C. (orgs.). *El aprendizaje estratégico*. Madri: Santillana, 1999, p. 35-57.

ALONSO TAPIA, J. & MATEOS, M. "Atribuciones y conducta". *Revista de Ciencias de la Educación*, 126, 1986, p. 141-157.

ALONSO TAPIA, J. & PANADERO, E. "Effects of self-assessment scripts on self-regulation and learning". *Infancia y Aprendizaje*, vol. 33, 3, 2010, p. 385-397.

ALVES, R. & DIMENSTEIN, G. *Fomos maus alunos*. São Paulo: Papirus, 2003.

AMES, C. "Classrooms: Goals, Structures, and Student Motivation". *Journal of Educational Psychology*, 84, 1992, p. 261-271.

AMES, R. "Teachers Attributions of their Own Teaching". In: LEVINE, J.; WANG, M. (orgs.). *Teacher and Student Perception*: Implications for Learning. Hillsdale, NJ.: Lawrence Erlbaum, 1983.

AMES, R. & AMES, C. (orgs.). "Research on Motivation in Education – Student Motivation". *Fourth European Conference for Research on Learning and Instruction*. Turku, Finl. [s.e.], 1991.

BANDURA, A. "Cultivate Self-efficacy for Personal and Organizational Effectiveness". In: LOCKE, E.A. (org.). *Handbook of Principles of Organization Behavior*. Oxford: UK, 2000.

_____. *Self-efficacy*: the Exercise of Control. Nova York: Freeman, 1997.

_____. "Self-efficacy: Towards a Unifying Theory of Behavioral Change". *Psichological Review*, 84, 1977, p. 191-215.

BARTHES, R. *O grão da voz*. Lisboa: Ed. 70, 1981.

BERRY, R.G. "Fear of failure in the student experience". *Personnel and Guidance Journal*, 54, 1975, p. 190-203.

BOEKAERTS, M. "Self-regulated Learning: a New Concept Embraced by Researchers, Policy Makers, Educators, Teachers and Students". *Learning and Instruction*, vol. 7, n. 2, 1997, p. 161-186.

BOEKAERTS, M. & NIEMIVIRTA, M. "Self-regulated Learning: Finding a Balance between Learning Goals and Ego Protective Goals". In: BOEKAERTS, M. et al. [s.n.t.], 2000, p. 417-450.

BORUCHOVITCH, E. & BZUNECK, J.A. *A motivação do aluno*. Petrópolis: Vozes, 2001.

BORUCHOVITCH, E. & BZUNECK, J.A *Aprendizagem*: processos psicológicos e o contexto social na escola. Petrópolis: Vozes, 2004.

CAMERON, J. & PIERCE, W.D. "Reinforcement, Reward, and Intrinsic Motivation: a meta-analysis". *Rev. Educational Research*, 64, 1994, p. 363-423.

CARVER, C.S.; SINCLAIR, S. & JOHNSON, S.L. "Authentic and hubristic pride: Differential relations to aspects of goal regulation, affect, and self-control". *Journal of Research in Personality*, 44, 2010, p. 698-703.

CLAXTON, G. *O desafio de aprender ao longo da vida*. Porto Alegre: Artmed, 2006.

CORNO, L. "The Best-laid Plans: Modern Conceptions of Volition and Educational Research". *Educational Research*, 22, 1993, p. 14-22.

CORNO, L. & KANFER, R. "The Role of Volition in Learning Performance". *Review of Research Education*, n. 29, 1993.

COVINGTON, M.V. *La voluntad de aprender* – Guía para la motivación en el aula. Madri: Alianza, 2003.

_____. "Goal theory, motivation and school achievement: an integrative review". *Annual Review of Psychology*, 51, 2000, p. 171-200.

_____. "Achievements Motivation, Self-attributions, and the Exceptional Learner". In: DAY, J.D. & BORKOWSKI, J.G. (comps.). *Intelligence and Exceptionality*. Norwood, N.J.: Ablex, 1987, p. 355-389.

_____. "Task-oriented versus Competitive Learning Structures: Motivational and Performance Consequences". *Journal of Educational Psychology*, 6, 1984, p. 1.038-1.050.

_____. "As Failure Mount: Affective and Cognitive Consequences of Ability Demotion in the Classroom". *Journal of Educational Psychology*, 73, 1981, p. 796-808.

COVINGTON, M.V. & OMELICH, C.L. "It's Best to be Able and Virtuous too: Student and Teacher Evaluative Responses to Successful Efforts". *Journal of Educational Psychology*, 71, 1979, p. 688-700.

CSIKSZENTMIHALYI, M. "The flow experience and its significance for human psychology". In: CSIKSZENTMIHALYI, M. & CSIKSZENTMIHAL, Y.I. [s.n.t.], 1988, p. 15-35.

DECI, E.L.; KOESTNER, R. & RYAN, R.M. "A Meta-analytic Review of Experimental Examining the Effects of Extrinsic Rewards on Intrinsic Motivation". *Psychology Bulletin*, 125, 1999, p. 627-668.

DECI, E.L. & RYAN, R.M. *Intrinsic Motivation and Self-determination in Human Behavior.* Nova York: Plenum, 1985.

DORNYEI, Z. *Motivational Strategies in the Language Classroom.* Cambridge: Cambridge University Press, 2001.

DWECK, C. "Children's Theory of Intelligence: Implications for Motivation and Learning". *American Educational Research Association,* 1987.

_____. "Motivacional Processes Affecting Learning". *American Psychologist,* vol. 10, n. 41, 1986.

DWECK, C. & ELLIOT, D.S. "Achievement Motivation". In: MUSSEN, P.H. & HETHERINGTON, E.M. (orgs.). *Social and Personality Development* – Handbook of Child Psychology. Vol. IV. Nova York: Wiley, 1983, p. 643-691.

ECCLES, J.S. & MIDGLEY, C. "School and Family Effects on the Ontogeny of Children's Interest, Self-perception, and Activity Choices". In: JACOBS, J.E. (comp.) *Nebraska Symposium on Motivation* – Developmental Perspectives on Motivation. Vol. 40. Lincoln, N.E.: University of Nebraska Press, 1993, p. 145-208.

_____. "Stage/Environment Fit: Developmentally Appropriate Classrooms for Early Adolescents". In: AMES, R.E. & AMES, C. (orgs.). *Research on motivation in education.* Vol. 3. Nova York: Academic Press, 1989, p. 139-186.

_____. "Gender Roles and Women's Achievement-related Decision". *Psychology Women Q.,* n. 11, 1987, p. 135-172.

ECCLES, J.S. & WIGFIELD, A. "Motivational Beliefs, Values, and Goals". *Ann. Rev. Psychol.,* 2002, p. 109-131.

ECCLES, J.S.; WIGFIELD, A. & SCHIEFELE, U. Motivation. In: EISENBERG. [s.l.]: [s.e.], 1998, p. 1.017-1.095.

ECCLES, J.S. et al. "Expectancies, Values and Academic Behaviors". *Achievement and Achievement Motivation.* São Francisco: Freeman, 1983, p. 75-146.

ELLIOT, A.J. "Approach and avoidance motivation and achievement goals". *Educational Psychologist,* 34, 1999, p. 169-189.

ELLIOT, A.J. & CHURCH, M.A. "A hierarchical model of approach and avoidance achievement motivation". *Journal of Personality and Social Psychology*, 72, 1997, p. 218-232.

FEUERSTEIN, R. "The theory of structural modifiability". In: PRESSEISEN, B. (org.). *Learning and thinking styles*: Classroom interaction. Washington, DC: National Education Associations, 1990.

FREIRE, P. *Pedagogia da Autonomia* – Saberes necessários à prática docente. 9. ed. Rio de Janeiro: Paz e Terra, 1998.

FREIRE, P. & SCHOR, I. *Medo e ousadia*: o cotidiano do professor. 2. ed. Rio de Janeiro: Paz e Terra, 1987.

GAIARSA, J.A. [Disponível em http://www.velhosamigos.com.br/Autores/Gaiarsa/gaiarsa21.html – Acesso em 17/12/2006].

HARTER, S. "Cause, Correlates, and the Functional Role of Self-worth: A Life-span Perspective". In: STERNBERG, R.J. & KOLLINGIAN, J. (comps.). *Competence Considered*. New Haven, CT: Yale University Press, 1990, p. 67-97.

_____. "Processes Underlying the Construction, Maintenance and Enhancement of the Self-concept in Children". In: SULS, J. & GREENWALD, A. (orgs.). *Psychological Perspectives on the Self*. Vol. 3. Hillsdale, N.J.: Lawrence Erlbaum, 1986, p. 137-181.

_____. "A New Self-report Scale of Intrinsic versus Extrinsic Orientation in the Classroom: Motivational and Informational Components". *Dev. Psychology*, 17, 1981, p. 300-312.

HERMAN, F. *O que é psicanálise, para iniciantes ou não...* São Paulo: Psique, 1999.

HIDI, S. & HARACKIEWICZ, J.M. "Motivating the Academically Unmotivated: a Critical Issue for the 21st Century". *Rev. Educational Research*, 70, 2001, p. 151-180.

HUERTAS, J.A. *Motivación* – Querer aprender. Buenos Aires: Aique, 2001.

HULL, C.L. *Principles of behavior*: an introduction to behavior theory. Oxford: Appleton-Century, 1943, 422 p.

JUVONEN, J. "Outcome and Attributional Disagreements between Students and their Teachers". *Journal of Educational Psychology*, 80, 1988, p. 330-336.

KLEINGINNA, P.R. & KLEINGINNA, A.M. "A Categorized List of Motivation Definitions, with a Suggestions for a Consensual Definition". *Motivation and Emotion*, 5, 1981, p. 345-379.

KLOOSTERMAN, P. "Self-confidence and Motivation in Mathematics". *Journal of Educational Psychology*, 80, 1988, p. 345-351.

KUHL, J. "A Theory of Action and State Orientations". In: KUHL, J. & BECKMANN (orgs.). *Volition and Personality*: Action versus State Orientation. Seattle: Hogrefe y Huber, 1994.

_____. "Cognitive Engagement in Classroom Activities". *J. Educ. Psychol.*, 80, 1988, p. 514-523.

_____. "Action Controls: the Maintenance of Motivational States". *Motivation, Intention and Volition*. Berlim: Springer-Verlag, 1987, p. 279-307.

LA ROSA, J. *Psicologia e educação*: o significado do aprender. Porto Alegre: EDIPUCRS, 2001.

MARCHESI, A. & MARTÍN, E. (comps.). *Evaluación de la educación secundaria* – Fotografía de una etapa polémica. Madri: SM, 2002.

MEIRIEU, P. *O cotidiano da sala de aula*: o fazer e o compreender. Porto Alegre: Artmed, 2006.

MORIN, E. *O método V: a humanidade da humanidade* – A identidade humana. 2. ed. Porto Alegre: Sulina, 2003.

_____. *Os sete saberes necessários à educação do futuro*. São Paulo: Cortez, 2000a.

_____. *A cabeça bem-feita* – Repensar a reforma – reformar o pensamento. Rio de Janeiro: Bertrand Brasil, 2000b.

_____. *O Método III*: o conhecimento do conhecimento. 2. ed. Porto Alegre: Sulina, 1999.

_____. *O Método IV*: a ideia das ideias. Lisboa: Europa-América, 1998.

_____. *Meus demônios*. Rio de Janeiro: Bertrand Brasil, 1997.

_____. *Sociologia*. Madri: Tecnos, 1995.

_____. "Epistemología de la complejidad". In: SCHNITMAN, D.F. (org.). *Nuevos paradigmas, cultura y subjetividad*. Buenos Aires: Paidós, 1994, p. 421-446.

_____. *Introdução ao pensamento complexo*. 2. ed. Lisboa: Instituto Piaget, 1990.

_____. *O Método II*: a vida da vida. Lisboa: Europa-América, 1989.

_____. *O Método I*: a natureza da natureza. Lisboa: Europa-América, 1986.

MOSQUERA, J.J.M. & STOBÄUS, C.D. *Autoimagem, autoestima e autorrealização na universidade* [Disponível em http://fs-morente.filos.ucm.es/publicaciones/iberpsicologia/lisboa/mourino/mourino.htm – Acesso em 15/12/2006].

MURPHY, P.K. & ALEXANDER, P.A. "A Motivated Exploration of Motivation Terminology". *Contemporary Educational Psychology*, 25, 2000, p. 3-53.

PARIS, S.G.; WASIK, A. & TURNER, J.C. "The Development of Strategic Readers". PEARSON, P.D. (org.). *Handbook of Reading Research*. Nova York: Longman, 1990, p. 609-640.

PAVLOV. I.P. *Obras escolhidas*. [s.l.]: Hemos, 1970.

PIAGET, J. *O nascimento da inteligência na criança*. 4. ed. Rio de Janeiro: Zahar, 1982, p. 38.

PINTRICH, P.R. "An Achievement Goal Perspective on Issues in Motivation Terminology, Theory, and Research". *Contemp. Educ. Psychol.*, 25, 2000a, p. 92-104.

_____. "The Role of Goal Orientation in Self-regulated Learning". In: BOEKAERTS et al. [s.l.]: [s.e.], 2000b, p. 452-502.

_____. "The Dynamic Interplay of Student Motivation and Cognition in the College Classroom". In: AMES, C. & MAEHR, M.L. (orgs.). "Advances in Motivation and Achievement". *Motivation Enhancing Environments Greenwich*, vol. 6, 1989, p. 117-160.

PINTRICH, P.R. & DE GROOT, E.V. "Motivational and Self-regulated Learning Components of Classroom Academic Performance". *J. Educ. Psychol.*, 82, 1990, p. 33-40.

PINTRICH, P.R.; MARX, R.W. & BOYLE, R.A. "Beyond Cold Conceptual Change: the Role of Motivational Beliefs and Classroom Contextual Factors in the Process of Conceptual Change". *Rev. Educ. Res.*, 63, 1993, p. 167-199.

POZO, J.I. *Aprendizes e mestres*: a nova cultura da aprendizagem. Porto Alegre: Artes Médicas, 2002.

_____. "Estratégias de aprendizagem". In: COLL, C.; PALÁCIOS, J. & MARCHESI, A. (orgs.). *Desenvolvimento psicológico e educação* – Psicologia da Educação. Porto Alegre: Artes Médicas, 1996, p. 176-197.

PRESSLEY, M. *Como enseñar a leer*. Barcelona: Paidós, 1999.

REEVE, J. "Self determination theory applied to educational setting". In: DECI, E.L. & RYAN, R.M. (orgs.). *Handbook of self-determination research*. Rochester, NY: [s.e.], 2002, p. 183-203.

RENICK, M.J. & HARTER, S. "Impact of Social Comparisons on the Developing Self-perceptions of Learning Disabled Students". *Journal of Educational Psychology*, 81, 1989, p. 631-638.

ROSENBERG, M. *Conceiving the Self.* Nova York: Basic Books, 1979.

SANSONE, C. & HARACKIEWICZ, J.M. *Intrinsic and Extrinsic Motivation*: the Search for Optimal Motivation and Performance. Nova York: Academic, 2000.

SCHIEFELE, U. "Interest and Learning from Text". *Sci. Stud. Read.*, 3, 1999, p. 257-280.

SCHUNK, D.H. "Goal Setting and Self-efficacy during Self-regulated Learning". *Educ. Psychol.*, 25, 1990, p. 71-86.

_____. "Self-efficacy and Cognitive Skill Learning". In: AMES, C. & MAEHR, M.L. (orgs.). *Advances in Motivation and Achievement*. São Diego: Academic Press, 1989 [Goals and Cognition, vol. 3].

SCHUNK, D.H. & EARTMER, P.A. "Self-regulatory and Academic Learning Self-efficacy Enhancing Interventions". In: BOEKAERTS et al. [s.l.]: [s.e.], 2000, p. 631-649.

SCHUNK, D.H. & ZIMMERMAN, B.J. *Self-regulation of Learning Performance*. Hillsdale, N.J.: Earlbaum, 1994.

SCHWARTZ, S. *Entre a indignação e a esperança* – Motivação, pautas de ações docentes e orientação paradigmática na alfabetização de jovens e adultos. Porto Alegre: PUCRS, 2007 [Tese de doutorado].

SELIGMAN, M.E.P. *Helpleness*: On Depression, Development and Death. São Francisco: Freeman, 1975.

SHIEFELE, U. "Interest and Learning from Text". *Sci. Stud. Read*, 3, 1999, p. 257-280.

SILVA, E.T. *Os (Des)caminhos da escola*. São Paulo: Cortez, 1979.

SKINNER, E.A. *Perceived Control, Motivation and Coping*. Thousand Oaks, CA: Sage, 1995.

SKINNER, E.A.; ZIMMER-GEMBECK, M.J. & CONNELL, J.P. "Individual Differences and the Development of Perceived Control". *Monogr. Soc. Res. Child*, 63, 1998.

SMILEY, P.A. & DWECK, C.S. "Individual Differences in Achievement Goals among Young Children". *Child Development*, 65, 1994, p. 1.723-1.743.

STIPEK, D. *Motivation to Learn*: from Theory to Practice. 4. ed. Englewood Cliffs, N.J.: Prentice Hall, 1988.

STIPEK, D. & HOFFMAN, J.M. "Children Achievement-Related Expectancies as a Function of Academic Performance Histories and Sex". *Journal of Educational Psychology*, 72, 1980, p. 861-865.

STIPEK, D. & MacIVER, D. "Developmental Change in Children's Assessment of Intellectual Competence". *Child Development*, 60, 1989, p. 521-538.

VASCONCELLOS, C.S. *Construção do conhecimento em sala de aula*. 2. ed. São Paulo: Libertad, 1994.

VYGOTSKY, L.S. *Pensamento e linguagem*. São Paulo: Martins Fontes, 1988.

WEINERT, F.W. "Introduction and Over View: Metacognition and Motivation as Determinants of Effective Learning and Understanding". In: WEINERT, F.W. & KLUWE, R.H. (orgs.). *Metacognition, Motivation and Understanding*. Hillsdale, N.J.: Lawrence Erlbaum, 1987, p. 1-16.

WEISZ, T. *O diálogo entre ensino e aprendizagem*. São Paulo: Ática, 2000.

WHITE, R.H. "Motivation Reconsidered: the Concept of Competence". *Psychology Review*, 66, 1959, p. 297-333.

WIGFIELD, A. "Expectancy-value Theory of Achievement Motivation: a Developmental Perspective". *Journal of Educational Psychology*, 6, 1994, p. 48-79.

WIGFIELD, A. & ECCLES, J. *The Development of Achievement Motivation*. San Diego, C.A.: Academic, 2001.

_____. "The Development of Achievement Task Values: A Theoretical Analysis". *Development Review*, 12, 1992, p. 265-310.

WIGFIELD, A. & GUTHRIE, J.T. "Dimensions of Children's Motivations for Reading: an Initial Study". *Reading Research*, 34, 1995.

WIGFIELD, A.; GUTHRIE, J.T. & McGOUGH, K. "A Questionnaire Measure of Children's Motivation for Reading". *Instructional Resource*, 22, 1996.

WIGFIELD, A.; WILDE, K.; BAKER, L.; FERNANDEZ-FEIN, S. & SCHER, D. "The nature of children's motivation for reading, and their relations to reading frequency and reading performance". *Reading Research*, 1996.

CULTURAL

Administração
Antropologia
Biografias
Comunicação
Dinâmicas e Jogos
Ecologia e Meio Ambiente
Educação e Pedagogia
Filosofia
História
Letras e Literatura
Obras de referência
Política
Psicologia
Saúde e Nutrição
Serviço Social e Trabalho
Sociologia

CATEQUÉTICO PASTORAL

Catequese
Geral
Crisma
Primeira Eucaristia

Pastoral
Geral
Sacramental
Familiar
Social
Ensino Religioso Escolar

TEOLÓGICO ESPIRITUAL

Biografias
Devocionários
Espiritualidade e Mística
Espiritualidade Mariana
Franciscanismo
Autoconhecimento
Liturgia
Obras de referência
Sagrada Escritura e Livros Apócrifos

Teologia
Bíblica
Histórica
Prática
Sistemática

REVISTAS

Concilium
Estudos Bíblicos
Grande Sinal
REB (Revista Eclesiástica Brasileira)
SEDOC (Serviço de Documentação)

VOZES NOBILIS

Uma linha editorial especial, com importantes autores, alto valor agregado e qualidade superior.

VOZES DE BOLSO

Obras clássicas de Ciências Humanas em formato de bolso.

PRODUTOS SAZONAIS

Folhinha do Sagrado Coração de Jesus
Calendário de Mesa do Sagrado Coração de Jesus
Agenda do Sagrado Coração de Jesus
Almanaque Santo Antônio
Agendinha
Diário Vozes
Meditações para o dia a dia
Guia Litúrgico

CADASTRE-SE
www.vozes.com.br

EDITORA VOZES LTDA.
Rua Frei Luís, 100 – Centro – Cep 25689-900 – Petrópolis, RJ
Tel.: (24) 2233-9000 – Fax: (24) 2231-4676 – E-mail: vendas@vozes.com.br

UNIDADES NO BRASIL: Belo Horizonte, MG – Brasília, DF – Campinas, SP – Cuiabá, MT
Curitiba, PR – Florianópolis, SC – Fortaleza, CE – Goiânia, GO – Juiz de Fora, MG
Manaus, AM – Petrópolis, RJ – Porto Alegre, RS – Recife, PE – Rio de Janeiro, RJ
Salvador, BA – São Paulo, SP